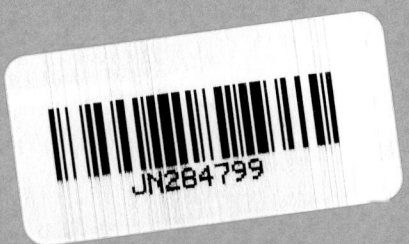

大切なあの人へ

ラブレターを書こう！

むらかみかずこ

原書房

どうして、ラブレター？

ラブレターを書きましょう！
わたしがそういうと、多くの人は少し戸惑った表情をします。
だって、ラブレターは敷居が高い。メールでさえ何て送るか迷うときがあるのに、ましてや手書きのラブレターなんて……。

ですが、子どもの頃を思い出してみていただけませんか。
小学校の休み時間、お気に入りのメモ用紙にひと言メッセージを書いて友だち同士でまわしたり、交換ノートにはまってみたり。かわいいペンやレターセットを見つけては、だれに手紙を書こうか思い浮かべながらひとりニヤニヤ、わずかなお小遣いをはたいてみたり。貸したノートや下駄箱に挟まっていた小さな手紙にドキドキした、そんななつかしい経験をお持ちの人もたくさんいるのでは？

そう、わたしたちは本来、書き言葉で気持ちを伝える「手書きコミュニケーション」が大好きなはず。
人と人とのつながりが見直されている今こそ、大切な人にラブレターを書いてみませんか。

ラブレターといっても、決して大げさなものではありません。
たったひと言、ほんの数行でいいのです。手書き文字にはただ手書きであるだけで、すでに価値があります。自分のためにわざわざという喜びが、感謝や好意に変わります。

本書ではできるだけ飾らない言葉を意識し、好き、愛してる、あなたが大切なんだと、声高には書かない文例に気を配りました。日常の何気ない出来事、何を食べたかとか仕事が忙しいとか風邪をひいたとか、そんな他愛もない会話を通して相手を思いやることができると思うからです。

そして、1年365日、思い立ったらいつでもすぐに書き出せるよう、1年を12か月に分けてそれぞれの季節に似合うフレーズや文例をたくさん掲載するよう努めました。季節の代表的な草花と花言葉もあわせて掲載していますので、よかったら、取り入れてみてくださいね。

さぁ、ようこそラブレターの世界へ。
その手紙が、あなたの大切な人の心に届きますように。

Contents

本書で撮影しご紹介している文房具類は、一部を除きすべて著者の私物です。
季節限定柄など、販売を停止している場合もございます。

January

1月／睦月《むつき》

正月に親類一同が集まり、仲睦まじくする睦び(親しくする)の月

寒の入り／5日ごろ

寒(かん)とは暦の上でもっとも寒さが厳しくなる時期のこと。二十四節気の小寒から節分の前日までが「寒(かん)」とされており、この時期に送るのが寒中見舞いです。大切な人の健康を気づかう言葉を添えて送りましょう。

七草／7日

七草粥を食べて無病息災を願います。春の七草にちなんだレターセットを使ってみては？

成人の日／第2月曜日

20歳(はたち)とは「果てる旅立ち(果てぬ旅立ち)」が語源だとされています。20歳を境に今までの旅に終止符を打ち、新たに果てぬ旅へと一歩を踏み出すのです。大人になったしるしにお祝いのレターを送りましょう。

flower of January

- チューリップ(白)／ずっと待っています
- スイセン／自己愛
- スミレ(紫)／誠実

年賀状

年賀状は新しい1年のはじまりに送る最初のごあいさつ。メールで済ませず、手書きでひと言メッセージを添えて気持ちを伝えたいですね。
では、どんな言葉を添えればいいのでしょうか。気の利いたひと言、相手に喜んでもらえるひと言、もらってうれしいひと言とはどんなフレーズをいうのでしょうか。
ポイントは相手の顔を思い浮かべて文字をつづること。すると、自然とお互いの心の距離がぎゅっと近づき、絆の深まるレターになります。
長文を書く必要はありません。2〜3行、ほんの1行だけでも十分です。あなたらしい言葉で新年のごあいさつをしましょう。

ポイントは基本の3行

1行目：年始のあいさつ
2行目：感謝のひと言／近況を知らせるひと言
3行目：新年の抱負／健康を気づかう言葉／
　　　　次につながるひと言

1行目：年始のあいさつ

・あけましておめでとう
・新年おめでとうございます
・迎春／初春／新春
・A Happy New Year

2行目：感謝のひと言／近況を知らせるひと言

●感謝のひと言
・いつもありがとう
・いつも楽しい時間をありがとう
・去年はたくさん一緒にいられて、うれしかったです
・感謝の気持ちでいっぱいです
・いつも感謝しているよ
・〇〇くんの存在が励みです

●近況を知らせるひと言
・元気にしています
・わたしは相変わらず。ゆっくりだけど、がんばっているよ
・いろいろあって転職しました。今は実家にいます
・年末年始は実家でのんびり。4日に戻るつもりです
・去年からランニングをはじめました。今年はマラソンにチャレンジ！

3行目：新年の抱負／健康を気づかう言葉／次につながるひと言

●新年の抱負

・今年もよろしくお願いします

・よい1年にしましょう、お互いに

・ふたりで素敵な1年にしようね

・今年は一緒に旅行に行きたいね

・今年の目標は5キロダイエット！（笑）

●健康を気づかう言葉

・お体を大切に

・寒いけれど、風邪をひかないようにね

・健康第一。毎日元気に過ごそうね

・いつまでも元気で長生きしてください

●次につながるひと言

・またお会いしたいです

・近いうちに会えたらいいな

・また会えるときを楽しみにしています

・楽しい毎日になりますように

・幸せいっぱいの時間をたくさん過ごせますように

1年のはじまりだからこそ、日ごろはメールの相手にも少しあらたまって手書きを。新鮮味があって驚きとともに喜んでもらえそう

あけましておめでとうございます

またひとつ一緒に新しい年を迎えられたことを幸せに思います

これからも末永くよろしくお願いします

あけましておめでとう

いつも頼りにしているよ

体に気をつけて、よい1年にしようね！

寒中お見舞い

寒中見舞いとは、寒さが厳しくなった頃に送るあいさつ状をいいます。松の内(お正月〜7日まで)が明けた8日から立春(2月4日頃)までに、

・喪中の相手
・自分が喪中などで年始のあいさつができなかったとき
・年賀状を出しそびれてしまった相手

に送るものとされています。
年末年始に仕事や遊びに夢中だったり体調を崩してしまったりして、年賀状を出せないまま心苦しく感じている人もいるでしょう。
寒中見舞いを送る人はそう多くないため、意外性があって相手の記憶にも残りますよ。
風邪が流行る時期でもありますから、相手の健康を気づかう言葉を添えて、思いやりの気持ちを伝えましょう。

使いたいフレーズ

・寒中お見舞い申し上げます
・寒い日がつづくけれど、元気ですか
・お正月に年賀状をありがとう
・年賀状のお返事が遅くなってしまい、ごめんね
・身内の事情で年賀状を控えていました
・遅くなってしまったけれど、今年もよろしくね

伊藤くんへ

年賀状を出せなかったから、代わりに寒中見舞いを送ります。

今年もよろしくね。

楽しい1年にしようね。

松本若菜

山本くんへ

寒い日がつづいているけれど、元気ですか。

お仕事のほうも順調かな。

山本くんのことだから、

きっと会社でもみんなに慕われているんだろうな。

わたしは年末年始は仕事に追われて

年賀状まで手がまわらなかったけれど、

相変わらず、今もダンスをつづけているよ。

お互い体に気をつけて、がんばろうね。

また会えたら、うれしいな。

美紀

気どらない普段どおりの話題がいちばん。信頼しあえる間柄だからこそ体調を気づかうフレーズを添えて、心がホッとやわらぐ1枚に

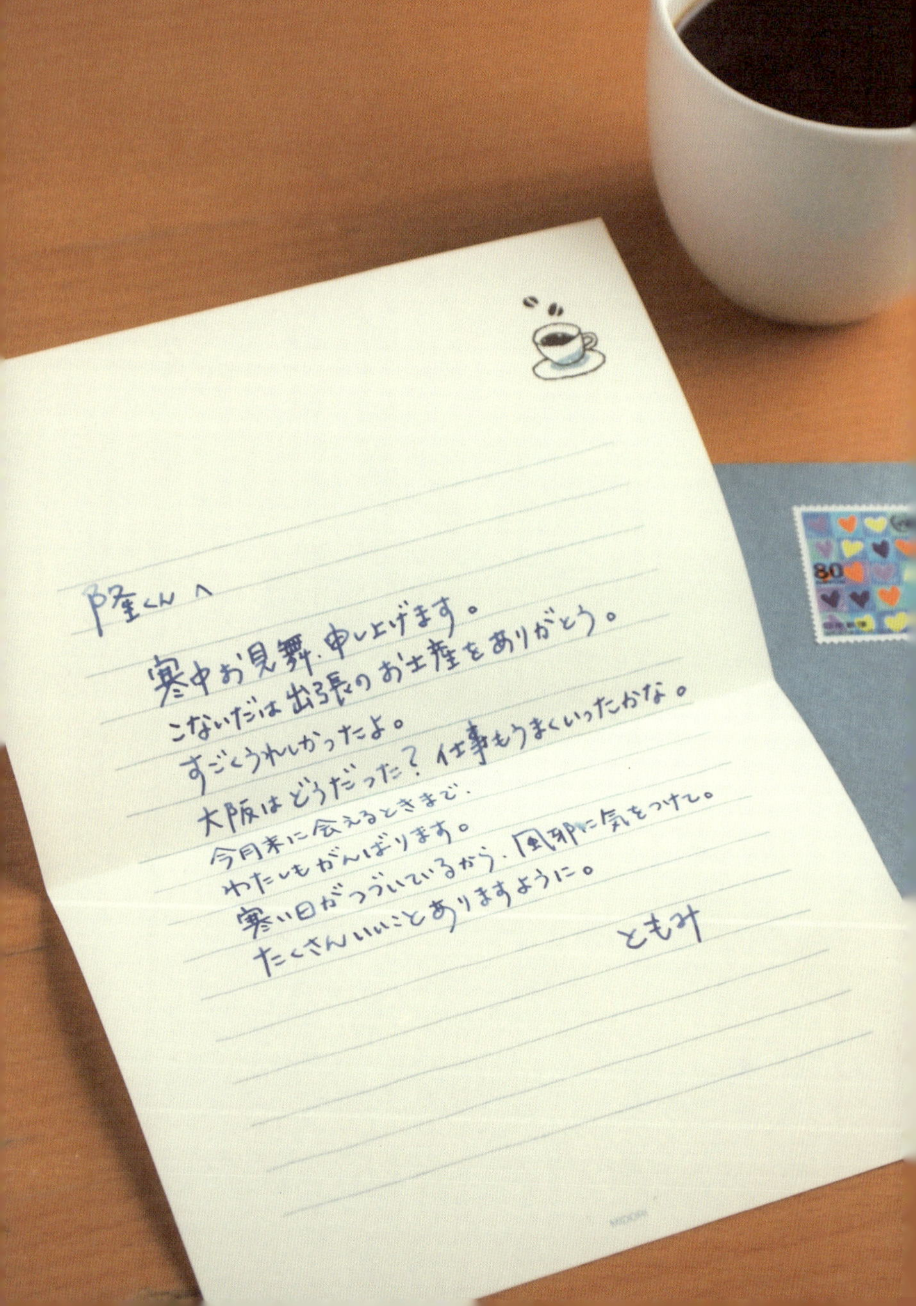

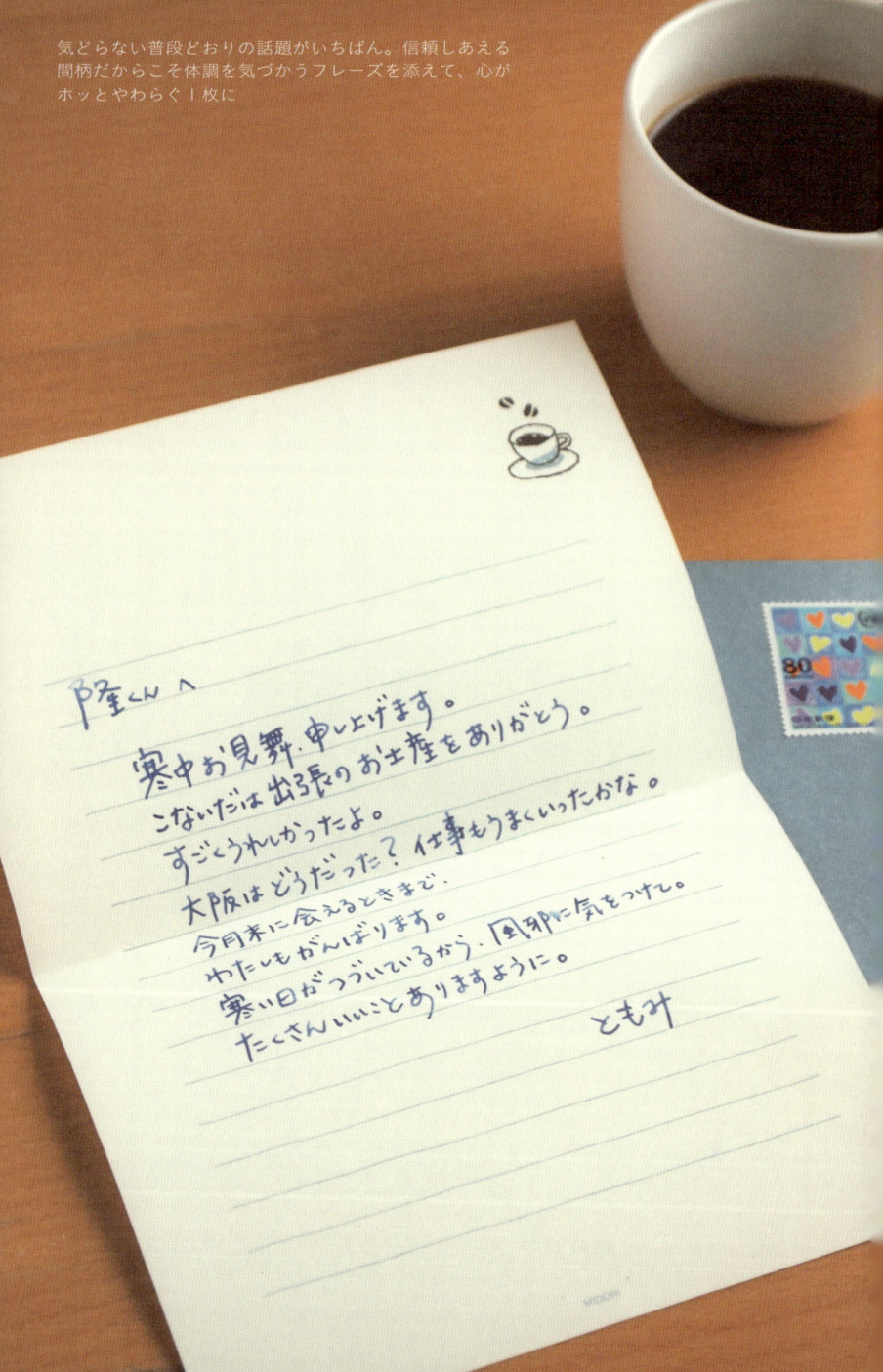

February

2月／如月《きさらぎ》

まだ冬の寒さが残っていて衣を重ね着する＝衣更着（きさらぎ／更に着る）月

立春／4日ごろ

まだ寒さは残るものの、暦の上では春のはじまり。早春というにふさわしい時期です。梅や福寿草を見かけるのもこの頃から。春の息吹を感じる言葉を添えましょう。

バレンタインデー／14日

好きな人にチョコレートを贈って愛を告白する日、バレンタインデー。こんなイベントのときだからこそ、大胆な言葉も思い切って伝えられそう！

flower of February

●梅（赤）／高潔　●福寿草／いつまでも幸せ
●フリージア（黄）／無邪気

バレンタインデー

2月といえば、心ときめくバレンタインデー！　せっかくのイベントですから、好きな人がいる人もそうでない人も、楽しく盛り上がりたいですね。
楽しむコツはギフトに手書きのメッセージカードを添えること。「気配りのできる人だな」と好印象を与えられるうえ、あなたのことが頭の中から離れなくなるかも？
等身大のあなたらしく、クスっと笑えるユーモアやキュートなアイデアを織り交ぜて彼に喜んでもらいましょう。

あの人にぴったりのペーパーアイテム

たとえば相手の趣味にちなんだものなど、彼に似合う絵柄のペーパーアイテムを選んでみて。他の人とも差がつきますよ。

文房具にスポーツなど、かわいいだけじゃないシュール＆ポップな絵柄も楽しい！

ユニークで個性的なデザインが彼のツボに？　左からカメラ、工具、カレー柄一筆箋

旅行好きの彼にはこんなレターセットで。ふたりで旅行に行きたい気持ちが高まりそう

気持ちを伝える言葉

ストレートに「好き」と書くのは、照れ屋でなくても恥ずかしいもの。キュートにごまかしつつ、でもさりげなく気持ちを伝えるには、チョコレートにからめたひと言を添えるのもいいかもしれません。
ただし、あまりねらい過ぎるとハズしかねないので要注意（笑）

使いたいフレーズ

・今日はバレンタインデー！　いつもありがとう
・胸いっぱいの感謝を、チョコレートに添えて
・甘い思いが届きますように
・おつかれさま。甘いチョコで疲れが癒されますように
・甘いものが苦手なパパにウィスキー風味のチョコレートを
・お返し、期待しちゃおうかな？（笑）

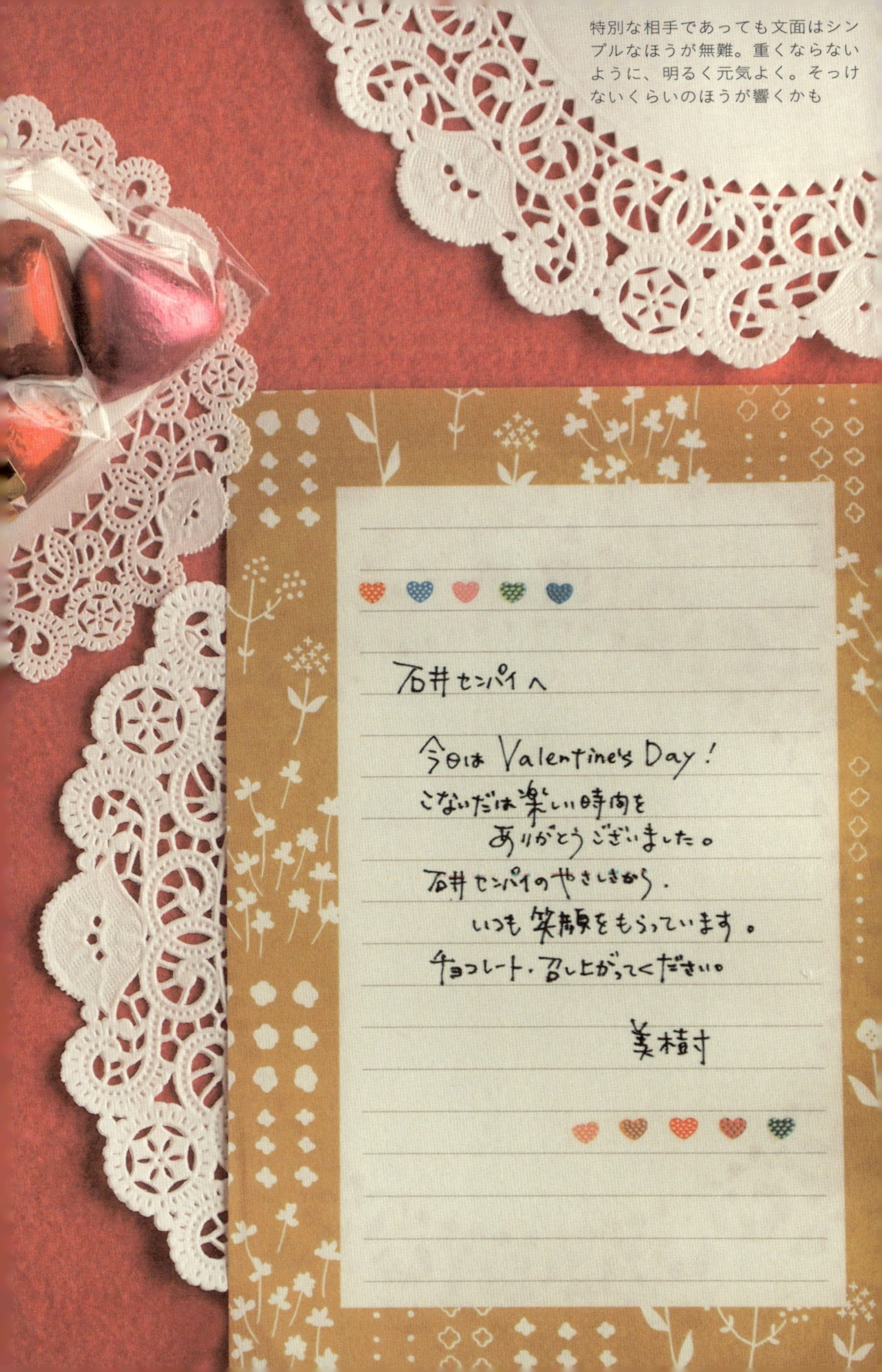

特別な相手であっても文面はシンプルなほうが無難。重くならないように、明るく元気よく。そっけないくらいのほうが響くかも

晴生さんへ

バレンタインデーにチョコレートを渡すのは、
今年で8回目。
付き合いはじめの頃、すごくドキドキしながら
チョコレートを渡したことを覚えています。
あの頃はまだお互いのことがよくわからなかったから、
何をするのも緊張してばかりでしたね。
公園のベンチで一緒にチョコレートを食べたこと、
晴生さんも覚えていますか。
結婚して、赤ちゃんを授かって、
あわただしい毎日だからなかなか言葉にして伝えられないけれど、
いつも本当にありがとう。
これから生まれてくる子どもと一緒に、
末永く楽しい時間を過ごしていけたらいいなぁと思っています。
これからもよろしくお願いします。
たくさんの感謝を込めて。

美智子

誤解されないために

職場やサークルなどでいわゆる義理チョコを渡すとき、相手に「オレのこと好きかも？」なんて幸せな勘違いをされないために、あえて手書きでひと言添えてみましょう。
その際、「みんなで選びました」「みんなで食べてね」などと大勢の中のひとりであることをほのめかすとよさそうです。気心の知れた相手なら、あっさり「義理チョコだよ」と書くのもありですね。
無難に済ませたいときは便箋やカードの絵柄もシンプルに。誤解されやすいものを避けましょう。

使いたいフレーズ

・サークルのみんなで選びました！
・毎年恒例のチョコレート、今年もよかったら食べてください
・いつもお世話になります。ほんのお礼です
・来月のホワイトデー、みんなで期待しています（笑）
・義理チョコだけど、おいしいから食べてね！

春のグリーティング切手

グリーティング切手とは、それぞれの季節にちなんだ花やイラストが描かれたシールタイプの切手シートのこと。
春のグリーティング切手はピンクやイエロー、水色などのカラフルで明るい色づかいで統一されていることが多く、この1枚でパッと華やぎます。中には貼るのがもったいなく感じられるほどチャーミングなものも。シールタイプで貼りやすいので便利に使えますよ。

まるで絵本から切り抜いたみたいに愛らしい?!　卒業や新入学のお祝いレターにも使えて◎。（写真は 2012 年版）

March

3月／弥《や》生《よい》

木草がいよいよ生い茂る月。木草弥生い茂る(きくさいやおいしげる)が詰まって「やよい」となった

ひな祭り・桃の節句／3日

ひな祭りは女の子のお祭り。ひな人形と桃の花を飾ってお祝いを。育ててくれた家族に「ありがとう」の気持ちを、手書きのメッセージに託して。

春分の日／21日ごろ

いよいよ本格的な春の到来。まだ肌寒い日は続きますが、陽射しは確実に力を増していきます。桜模様のレターセットで、春気分を先どりしましょう。

flower of March

- くちなし／幸せでうれしい
- チューリップ(紫)／愛は永遠に
- カリフォルニアポピー／想いをかなえて

旅立つあの人へ

3月は出会いと別れの時期。学校では入学試験や卒業式、入学式があり、会社では入社式のほか年度末の異動や転勤の辞令が出る頃です。引越しや片付けの機会も増えるでしょう。
旅立つ相手へ宛てて、エールを送るレターを書いてみませんか。これまでお世話になった人に感謝の言葉をつづったり、大好きな彼に宛てて胸にこみあげてくる素直な気持ちをしたためてみたり。
おわりははじまり。「さよなら」のひと言をきっかけに、思わぬところからまた別のうれしいご縁が生まれたりして……？

岡田チーフへ

早いもので、チーフが大阪本社に戻る日まで、
あと1週間となってしまいました。
入社してから丸5年、これまでたくさんお世話になり、
感謝の気持ちでいっぱいです。
教えていただいたことを胸に、
これからもがんばっていきます。
お体を大事にしてください。
チーフに出会えて本当によかったです。

本橋明美

ヨシタカくんへ

海外留学おめでとう。
だれよりも努力家で負けず嫌いなヨシタカくんだから、
きっと合格すると信じていました。
本当によかったね。
けど、正直にいうと、ちょっと複雑です。
今の会社を辞めてアメリカに留学することを、
「がんばって」って心から応援したい気持ちと、
なかなか会えなくなるさみしさで
不安に思う気持ちと……。
わたしもヨシタカくんに負けないくらい、
一生懸命いろんなことをがんばらなくちゃね。
離れても、好きでいてもらいたいからね！
ヨシタカくんの旅立ちまで、あと２週間。
わたしのこと毎日思い出しちゃうくらい
思いっきり楽しい時間を過ごせたらいいな。

みなみ

パパへ

ママより

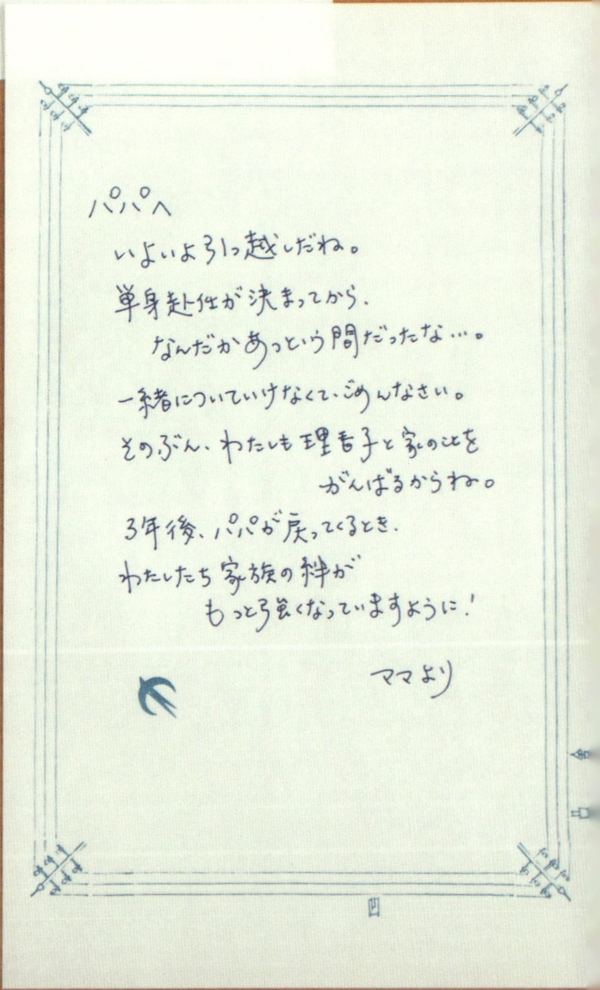

パパへ

いよいよ引っ越しだね。

単身赴任が決まってから、
なんだかあっという間だったな…。

一緒についていけなくて、ごめんなさい。

そのぶん、わたしも理香子と家のことを
がんばるからね。

3年後、パパが戻ってくるとき、

わたしたち家族の絆が
もっと強くなっていますように！

ママより

ツバメが巣をつくる家には幸福が訪れるという言い伝えがあります。大切な人の旅立ちには、心からの励ましの言葉を送りましょう

励ましの言葉

春はなにかと心が揺れやすい季節です。仕事でミスをして落ち込んでいる人、悩み事を抱えている人、プレッシャーを感じている人、やる気をなくしている人、失恋して心がはち切れんばかりにイタイイタイと悲鳴をあげている人……。わたしたちには感情がありますから、いつも強い心を持ち続けていられるとも限りません。
落ち込んでいる人を励まし、やる気を引き出すことで、一緒に一歩ずつ前へ進んでいきましょう。励ましの言葉を心がけると、不思議と自分も元気が出てきて、幸せ体質になりますよ。

使いたいフレーズ

・応援しているよ
・大丈夫、見守っているから
・よい結果につながるよう願っています
・きっとうまくいくよ、わたしが保証する！(笑)
・いつもどおり、〇〇くんらしく
・最後まであきらめないで
・大変なときだけど、必ず乗り越えられると思うから
・あせらずゆっくり、一歩ずつ前に進んでいけたらいいね
・たくさんいいことありますように
・お返事、待っています

浩一くんへ

こんにちは。

昨日テレビで浩一くんの地元の映像を見て、

手紙を書いてみたくなりました。

その後、どうですか。会社のほうはどんな様子かな。

なかなか状況がわからなくて、

思うような言葉をかけられないのがくやしいけれど、

いつも応援しているよ。

こちらでもできることがあったら、いつでも連絡ちょうだいね。

すぐにお返事するから。

体に気をつけて。

ご家族のみなさんの健康もお祈りしています。

松井ちさと

キットメール®

キットメール® は受験生のお守りとして親しまれているチョコレート「キットカット®」に手書きでメッセージを書いて切手を貼ってポストに投函して送る、郵便局限定発売の商品です。
郵便でチョコレートが届くという意外性、遊び心あふれるキュートなギフトをきっと喜んでくれるはず！
受験のほかにも恋愛成就や部活の必勝祈願など、かなえたい願いを応援メッセージとともに書いて友だちと一緒に盛り上がりましょう。

箱に直接、メッセージを手書きできます。1箱250円(税込)。140円分の切手を貼って郵便局の窓口や郵便ポストから郵送しましょう

column

ラブレター初心者のあなたへ

ラブレターというと愛の言葉を次々とつむぎださなければならない、なんて大それたものを想像してしまう人もいるかもしれませんが、そんなことはありません。「ありがとう」のひと言だって、立派なラブレターです。
メールが全盛の今だからこそ、手書きならではの温かみが伝わって、きっと忘れられない1通になりますよ。

ほんの少し気をつけること

●相手の顔を思い浮かべながら書く
文字をつづるときには、相手の顔や交わした会話を思い浮かべてみてください。自分の言ったことをちゃんと覚えてくれている。それだけで相手はうれしいものです。

●読み返してから送る
書いたレターは封をする前に読み返して。できれば1日おいて冷静になってから送りましょう。気持ちが高ぶっているときに勢いまかせにつづると、誤解されかねない表現になりがちだからです。

●夜に書くのはキケン
天気のいい日や午前中の気分がさっぱりとした時間帯に書くのがおすすめです。反対に、深夜に書くのは要注意。知らず知らずのうちに重たい文面になっていることも……。

「しまった！」と思ったら……

夢中になって書いたものの、いざラブレターをポストに投函してみたら急に自信がなくなり冷や汗がたらたら……。そんな経験はありませんか。

●郵便局の取戻サービス

いったんポストに投函したレターを「やっぱり取り戻したい！」と思ったときには、郵便局でしかるべき手続を。
投函したレターがまだ差出局やポストの集配を受け持つ集配局にある差出準備前の状態なら、その郵便局に「取戻請求書」を書いて提出しましょう。すると、手数料無料で取り戻せます。
すでに差出地の集配局を出てしまった場合は、封書・はがきともに1通550円の手数料を支払うと発送をストップするよう手配してもらえます。

●笑ってごまかす！

すでに彼のもとに到着してしまったら……、そのときはもう笑ってごまかすしかありません(笑)。「ヘンなこと書いちゃったかな？」「なんだか書き過ぎちゃったみたい。ごめんね」と照れ笑いしながら伝えてみてください。案外、彼のほうはぜんぜん気にしていないこともありますから。

文章が苦手なあなたへ、お助けテクニック

好きな人にはとりわけ「よく思われたい」と思う気持ちから、素敵な自分をアピールしたくなることもありますね。ときには必死に言葉を選びすぎて、何をいいたいのかわからなくなってしまったことも、ありませんか？
背伸びした言葉を並べるより、空いた余白にワンポイントをつけてみましょう。それを目にした彼は気づいていなかったあなたの一面に興味をもってくれるかもしれません。
自由に書いていいのです。あるがままに自分らしく。それがお互いの心の距離をちぢめるいちばんの近道ですよ。

イラスト

手描きのイラストは見ているだけで心がなごみます。似顔絵やペットの顔、何気ない顔文字やハートマーク、キラキラマークだけでも◎　イラストが上手な子は手先が器用で気立てがいいはず、そんな妄想を誘うかも？

シール

かわいらしさをプラスするにはシールを使うのがいちばん。なかでもアニマルモチーフはキュートで自然と笑顔がほころびます。鳥さんシールを罫線を電線に見立てて貼ったり、レターセットの絵柄と組み合わせたり、貼り方も工夫して。

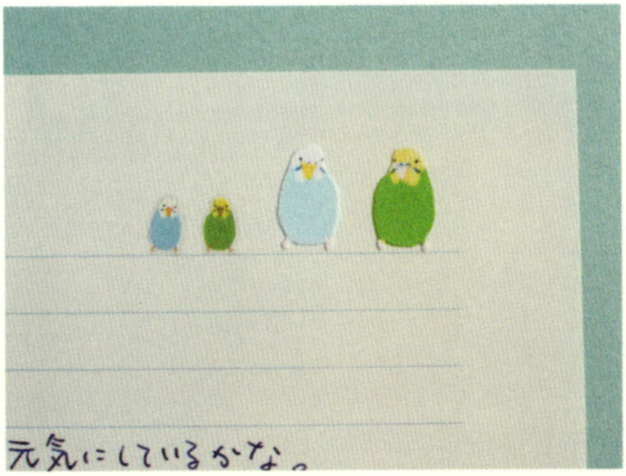

ハンコ

名前のひと文字ハンコや、四つ葉のクローバーなどのイラストハンコをちょこんと捺してみるのも素敵です。スタンプ台ともに数百円から手に入ります。小さくても目立ちますよ。

April

4月／卯月《うづき》

卯の花の咲く月

エイプリルフール／1日

1年に1度だけうそをついていたずらできる日。ユーモアあふれる害のないうそはときに人間関係を豊かにしてくれます。さぁ、今年はどんなかわいいうそをつきましょう？

お花見／日本全国各地、主に上旬～

街がほのかなピンク色に染まる頃、春を満喫しに大好きな人をお花見に誘ってみませんか。桜並木には恋人たちの姿がよく似合います。

ゴールデンウィーク／下旬～

春の大型連休のはじまり。お弁当を持って小旅行に出かけるのもいいですね。実家に帰省するときはお土産に手書きのメッセージを添えて。

flower of April

- サクラ／愛国心
- チューリップ／魅惑の瞳
- ゼラニウム（赤）／安楽な人生

はじまりの季節

春ははじまりの季節。付き合いだしたばかりのふたりであれば、ドキドキわくわく、毎日がときめく楽しい季節になるかもしれません。
また、友だちが試験に合格したとき、スポーツの試合で勝ったときなどにお祝いしたり励ましたりしているうちに新たな恋が芽生えることもあるものです。
「おめでとう」「いよいよだね」「楽しみにしています」など期待に胸が高まる前向きな言葉をつづると、相手に喜ばれるだけでなく自分も気持ちがよくなって運気もUPしていきます。春らしく、心がはずむレターを書きましょう。

使いたいフレーズ

・おめでとう
・よかったね、本当によかった
・お祝いさせて
・ますます／もっともっと
・楽しみです／楽しみにしています
・期待しているよ
・がんばって、応援しているよ
・尊敬しています
・頼りにしているから
・最高！

春気分を盛り上げる桜柄で。ペンを持つ手がなめらかになると同時に、自然とハッピーな気持ちが言葉にあらわれます

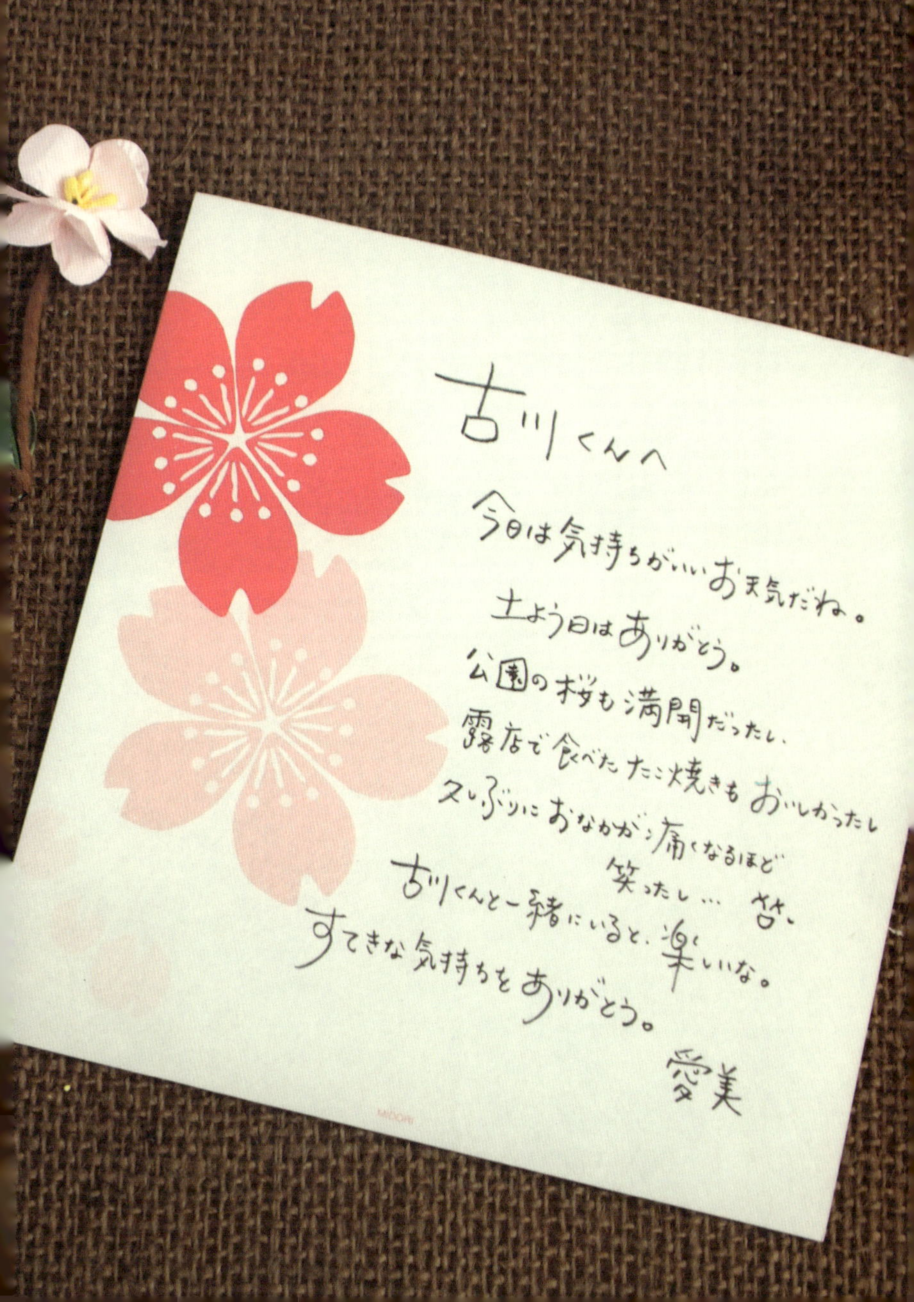
古川くんへ
今日は気持ちがいいお天気だね。
土よう日はありがとう。
公園の桜も満開だったし、
露店で食べたたこ焼きもおいしかったし
久しぶりにおなかが痛くなるほど
笑ったし… 笑、
古川くんと一緒にいると、楽しいな。
すてきな気持ちをありがとう。
愛美

慎ちゃんへ

桜の花も満開になって、春らんまんの季節だね。

入社してから１週間、どんな毎日かな。

最初のうちは緊張するし、慣れないことも多いから、

いろいろ大変だよね。

慎ちゃんはがんばり屋さんだから、

最初のうちはハイペースで飛ばしちゃうかもしれないけれど、

無理しないように気をつけてね？

わたしのほうが少しだけ社会人の先輩なんだから、

何かわからないこととかあったら、なんでも聞いてね。

明日も朝寝坊しないように気をつけて。

笑顔で元気にがんばってね！

由紀

花にまつわる言葉

花にまつわる言葉(なかでも桜にまつわる言葉)をラブレターで用いると、そこに風情が感じられ気品があふれます。
ふんわりとしたやわらかな言葉の響きが相手の心に広がって、恋が一歩、前進しますように。

使ってみたい桜の言葉

初桜(はつざくら)／その年にはじめて咲く桜の花、咲いて間もない桜の花
桜吹雪(さくらふぶき)／桜の花びらが乱れ散るさまを雪にたとえていう言葉
花明かり(はなあかり)／群れ咲く桜の花のために、夜でも灯りをともしたように明るく見えること
花冷え(はなびえ)／桜が咲く頃に冷え込むこと
花盛り(はなざかり)／花が盛んに咲くこと。その季節
花便り(はなだより)／桜の花の咲いた様子を知らせる便り

亮太　へ

桜が咲いたね！　うれしいな。
昨日、会社帰りに公園に寄って初桜を見てきたよ。
あたりがほんのり花明かりに照らされて、
とってもきれいだったなぁ。
今週末のお花見にはお弁当をつくっていくね！

ともこ

春にぴったりのアイテム

春は持ちものも新調したくなる時期。文房具も、つい新しいものをそろえたくなりますね。お気に入りの文房具が手元にあると、それを使って誰かに手紙が書きたくなるものです。気分がウキウキしてきて、想いを伝える言葉もすらすらと出てくるのでは？
文房具といっても筆記具やレターセットだけではありません。わき役たちも粒ぞろい。アイディア次第でさまざまな楽しみ方ができます。
毎日の仕事や暮らしを華やかに彩る文房具。自分ならではの愛しの文房具を見つけてみませんか。

文香

手紙に香りを添えるための小さな袋のことを文香といい、お香を和紙で包んだタイプ、栞としても使えるもの、ストラップ状のものなどがあります。文字とともに香りを届ける。なんだか色っぽい遊びではありませんか。

受け取った文香は名刺入れにしのばせたり、ハンカチと一緒にしまって楽しむことも

クラフトパンチ

星型やハート型に紙を切り抜くことができる道具、クラフトパンチ。切り抜いた桜の花びらを封筒にしのばせると、開封した瞬間、受け取る相手の手元にひらひらと花びらが舞い降ります。サプライズ効果で一味違うレターに。

アニマル型も使いやすそう。かわいいものに囲まれて女子力アップ！

ラッキーモチーフで幸せに

せっかく書くのですから、ちょっとでも喜んでもらいたい！　その気持ちをラッキーモチーフに込めて相手に届けましょう。四つ葉のクローバー、幸せの青い鳥、木の実やりんごなど古今東西に伝わるラッキーモチーフが描かれたレターセットを選べば、きっとふたりに幸運が舞い込みます。さぁ、相手の喜ぶ顔を思い浮かべて。

「しあわせをはこぶ手紙」

楽しくかわいいラッキーモチーフの絵柄のレターセット。手紙を楽しむヒントをふんだんに盛り込んだ「自分らしい手紙が書けるテキスト」付き。本のように立てて収納することもできます。手紙って難しい……と思っている人の背中を、そっと押してくれそう。

便箋・封筒・封かんシールを組み合わせて全体をコーディネート。自分も相手もハッピーに！

May

5月／皐月《さつき》

早月ともいう。早苗(さなえ)を植える月

子どもの日・端午の節句／5日

鯉のぼり、兜、ちまき、柏もち……。お祝いの品をたくさん用意して、男の子の健やかな成長を祈願しましょう。ゴールデンウィーク期間中に、家族総出でお祝いするのも◎

母の日／第2日曜日

日ごろの感謝と愛を込めて、大切なお母さんにフラワーギフトを贈りましょう。心のこもった手書きのメッセージカードも忘れずに。彼ママや義理のお母さんにも。

flower of May

- バラ(蕾)／まだ恋を知らない
- すずらん／きっと幸せに
- ハナショウブ／優雅

母の日

5月の第2日曜日は母の日。同居している人も離れて暮らしている人も、彼のお母さんや義理のお母さんにも。母の日には心のこもったギフトに手書きのメッセージを添えて、お母さんに対する感謝の気持ちを伝えましょう。
デパートやオンラインショップからギフトを贈る際にはメッセージカードを同封してもらうか、手紙だけ別に郵送を。手間をかけるぶん、2倍喜んでもらえますよ。

使いたいフレーズ

・いつもありがとう
・いつも気にかけてくれてありがとう
・いつも美味しいご飯をありがとう
・なかなか声に出していえないけれど、感謝しています
・心配かけてしまい、ごめんなさい
・お母さんはわたしの目標です
・お母さんみたいな母親になりたいです
・いつまでも素敵なお母さんでいてね
・体を大事に、これからも元気でいてね
・お父さんと仲良くね
・これからも、ずっと、よろしくお願いします

西村一代さま

新緑が目にまぶしい季節になりました。

先日はおいしい手料理のおもてなしをありがとうございました。

本当にどれもとってもおいしくて、

とりわけカボチャのサラダは絶品でした。

これからもいろいろお話しさせてください。

今週末は母の日ですね。

感謝を込めて、お花を贈ります。

気に入っていただけましたら、うれしく思います。

北野晴香

お母さん、久しぶり！

最近どう？　お父さんも元気かな。

今日は母の日だから、お母さんが好きな黄色いバラを贈るね。

実は、月末に久しぶりに家に帰ろうと思って……。

お付き合いしている人がいて、その人を紹介したいんだ。

会社の先輩で石田大輔さんっていうの。

今年で28歳の、やさしい人だよ。

また電話するね。

さわやかな季節、犬の散歩がんばりすぎないようにね！

みちより

母の日に贈りたい花と花言葉

5月は花がたくさん咲きそろう時期です。母の日の定番、真っ赤なカーネーションに春らしいパステルカラーの花を組み合わせれば、やさしい印象に。あざやかな黄色やオレンジの花なら元気で若々しいお母さんにぴったり。アイビーなどのグリーンをプラスしてさわやかさを出すのもいいですね。
そのとき、メッセージカードに花言葉を添えてみませんか。さりげない女性らしさを感じてもらえるかも。

花言葉に想いを託して

●思いやり・感謝
ダリア、ポピー、ベルフラワー

●幸せ
おにゆり、くちなし、すずらん、ワイルドストロベリー

●愛する
カーネーション、バラ、スイセン、アネモネ(赤)

●美しさ・魅力
カトレア、ジャスミン、チューリップ、ゆり(ピンク)

●喜び・楽しみ・朗報
アマリリス、あやめ、ポインセチア

少しかしこまったレターでは冒頭で健康を気づかう言葉を添えると
全体の感じがよくなります。女性らしいやわらかな和紙の便箋で

お母さまへ
だいぶ汗ばむ陽気になりましたが、
お変わりありませんか。
こちらは3人とも元気にしています。
明人は毎日サッカーに夢中です。もう少し
勉強のほうもがんばってくれたらいいのですが(笑)
母の日のお花をお贈りします。
若々しいお母さまにぴったりだと思い、選びました。
ダリアの花言葉は「感謝」だそうです。
いつも本当にありがとうございます。
昌明、尚美、明人

ギフトと一緒に

母の日以外にも、大切な人へギフトに添えて渡すレターは最上級の贈り物。「いつもありがとう」「これからもよろしく」、その2つの気持ちを自分らしい言葉でつづってみて。
ケーキの箱の底にしのばせたり、封筒にリボンをかけてみたり、レストランでデート中、彼が席を立ったときにお皿の上に置いておいたり……。渡し方にも工夫すれば、レターそのものが心のこもったギフトになってずっと忘れられない1通に。

まさおくんへ
お誕生日おめでとう！
今日を一緒にお祝いできて、
とってもうれしく思います。
ストライプのネクタイ、まさおくんに似合うといいな。
忙しい毎日だけど、お互い仕事をがんばって、
デートもたくさんしたいね。
これからも、ずっと、よろしくね。
彩

June

6月／水無月《みなづき》

水の月（「無」は「の」を意味する）で、田に水を引く月

父の日／第3日曜日

お父さんへの感謝はなかなか口にして伝えにくいもの。父の日のイベントにかこつけて、素直な気持ちを伝えてみては？　「いつもありがとう」のひと言だけで心にぐっと響くはず。

夏至／21日ごろ

1年でいちばん昼の時間が長い日。この日を過ぎると本格的な夏の到来です。さぁ、夏の計画を立てましょう。

flower of June

●ジャスミン／可憐　●あやめ／よい便り
●朝顔／気どりや

雨の日のレター

八百屋さんの店先に梅の実が並ぶ頃、沖縄・九州から東北にかけて梅雨入りします。
雨降りの日には足元もヘアスタイルも気になるもの。外に出かけるのが億劫になり、なんとなく気持ちが沈みがちという人もいるでしょう。
だからこそ、あえて陽気なレターを書いて嫌なムードを吹き飛ばすのもよし、まったり雨気分に浸ったレターで、あの人への思いをはせるのもよし。
雨は恵の雨でもあります。ひとりの時間を大切に過ごして心の栄養を蓄え、じっくり内面を磨く機会にするのもいいですね。
次の雨降りがきっと待ち遠しくなるかもしれません。

使いたいフレーズ

・雨降りの日がつづくけれど、体調を崩していない？
・いよいよ梅雨入り、ちょっと憂うつな季節になるね
・新しい傘がほしくなる頃ですね
・先ほど通り雨があり、風が少し涼しくなりました
・鎌倉のきれいなアジサイを見に行きたいな
・梅雨の晴れ間、つかの間の太陽がうれしいね
・雨上がりに大きな虹を見つけたよ！

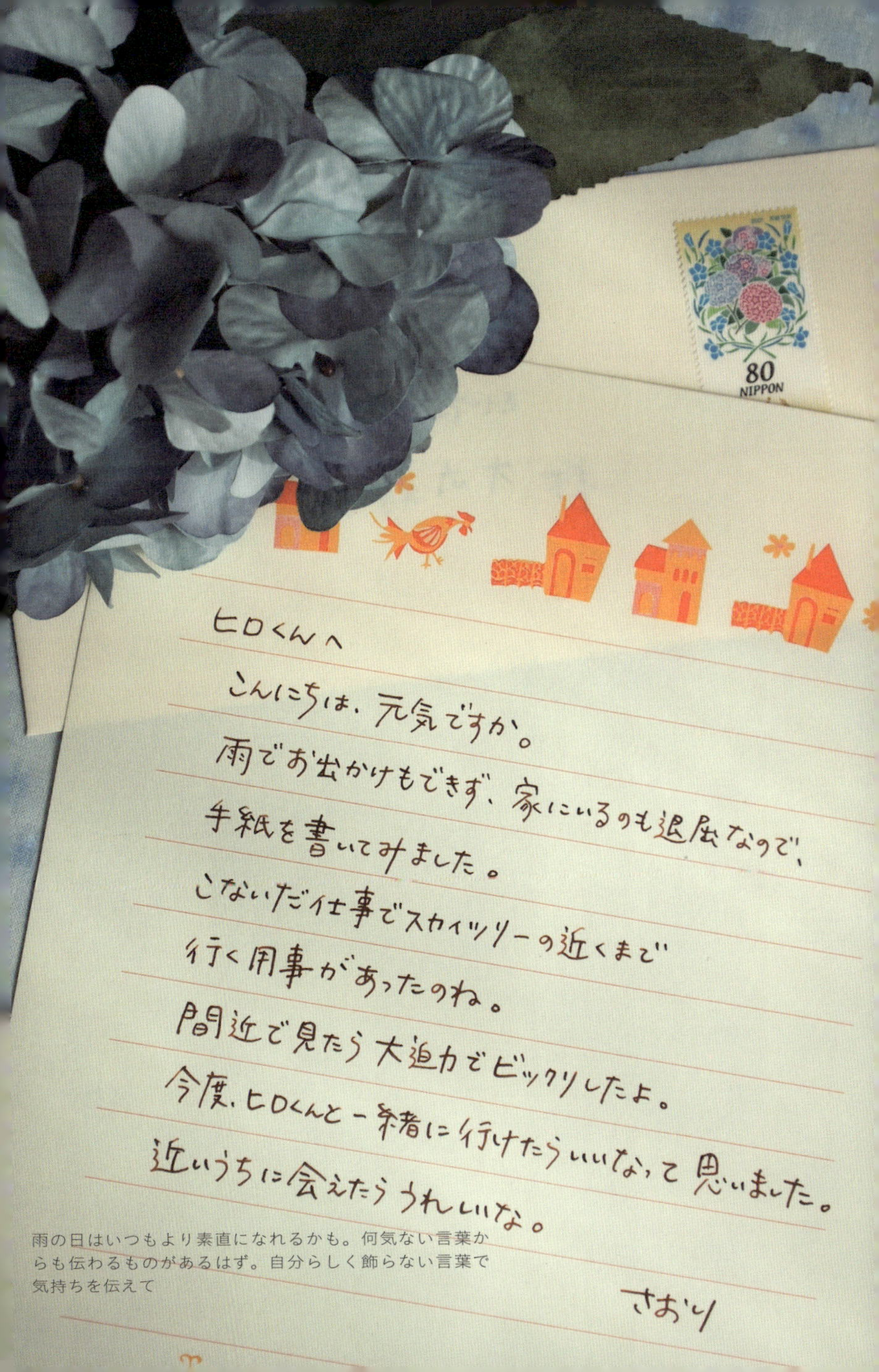
ヒロくんへ

こんにちは。元気ですか。
雨でお出かけもできず、家にいるのも退屈なので、
手紙を書いてみました。
こないだ仕事でスカイツリーの近くまで
行く用事があったのね。
間近で見たら大迫力でビックリしたよ。
今度、ヒロくんと一緒に行けたらいいなって思いました。
近いうちに会えたらうれしいな。

さおり

雨の日はいつもより素直になれるかも。何気ない言葉からも伝わるものがあるはず。自分らしく飾らない言葉で気持ちを伝えて

使ってみたい雨の言葉

雨宿り（あまやどり）／外で雨に降られたとき、雨がやむまで軒下や建物の入り口でしばらく待つこと
五月雨（さみだれ）／陰暦５月（６月）の頃に降る長雨のこと
にわか雨／急に振り出してすぐにやむ雨
とおり雨／さっと降ってあがっていく短時間の雨
走り梅雨（はしりづゆ）／梅雨入りの前に見られる梅雨を思わせる天候のこと
送り梅雨（おくりづゆ）／雷をともなってひときわ強く降る梅雨の最後の雨
涙雨（なみだあめ）／悲しみの涙のように思われる雨。ほんの少しばかりの雨

翔ちゃんへ

昨日は突然の通り雨でびっくりしたね。
けど、「傘がないから雨宿りさせて」なんて、
言い訳でしょう？（笑）
次からはちゃんと前もって連絡してね。
じゃないと入れてあげないよ？
梅雨入りしたら、外での仕事は大変だよね。
体に気をつけて。またね。

あい

雨の日にラブレターを書きたくなる場所

雨降りの日に似合うことといえば、雨音を聞きながら友だちと語らったり、ゆっくり映画を観たり、音楽を聴いたり、腕によりをかけて料理をしたり……。落ち着いたカフェに行って、好きな人にラブレターを書いてみるのもいいと思いませんか。
さぁ、お気に入りの傘を手に、レターセットと筆記具も忘れずに。

Pen Boutique 書斎館 Aoyama

青山の裏通りにひっそりとたたずむ万年筆専門店、書斎館。カフェも併設されており雨の日にじっくりと過ごすにもぴったり。コーヒーを片手にゆっくりと流れる時間に身をまかせれば、ふと大切なあの人の顔が思い浮かびそう。

アンティークな調度品の数々が並ぶカフェスペース。外国映画のワンシーンみたい？　テラス席もあります
● Pen Boutique 書斎館 Aoyama
〒107-0062　東京都港区南青山 5-13-11 パンセビル 1F

父の日

6月の第3日曜日は父の日。100年以上前にアメリカ・ワシントン州で生まれたこの日は、とある女性が苦労をしながらも深い愛情を注いで育ててくれた父親への感謝の気持ちを込めて提案した日といわれています。
お父さんに「ありがとう」の気持ちを伝えるのは照れくさかったりするものですが、この日だからこそ思い切って、心を開いてみませんか。素直に感謝の気持ちをつづれば、きっと宝物のように喜んでくれますよ。

使いたいフレーズ

・なかなかいえないけれど、いつもありがとう
・めずらしく手紙を書いてみようと思いました
・心配かけてばかりでごめんなさい
・お父さんのおかげです
・これからも元気で長生きしてね
・お母さんと仲良くね
・たまにはお母さんを誘って旅行にでも行ってきたら？
・いつかお父さんみたいな人と結婚できたらいいな
・彼はなんとなくお父さんに似ている気がします
・以前は苦手だったお父さんの頑固なところも、最近は気にならなくなりました
・お酒の飲みすぎに気をつけてね

お父さんへ

こないだはありがとう。

その後、元気にしていますか。

お父さんに手紙を書くのははじめてかな。

ちょっとびっくりさせてしまったかもしれないね。

こないだは彼と会ってくれてありがとう。

大輔さんもすごく緊張していたみたいで、

あの後、あまりきちんと挨拶できなかったことを

ちょっと後悔しているようでした。

やさしくて、誠実な人なんだよ。

大輔さんはお父さんと同じでビールとプロ野球が大好きだから、

ふたりはきっと気が合うと思うなぁ……。

腰の痛みが早くよくなりますように。

お酒の飲みすぎに気をつけてね。

お母さんにもよろしく。また連絡するね。

みちより

ジューン・ブライド

一生に一度、女の子がいちばん晴れやかに輝く結婚式！　ゲストに招待状を送るときから、すでにセレモニーははじまっているのかも。言葉だけでなく紙質や絵柄にもこだわって、おもてなしの心を伝えましょう。
なお、「お祝いごとには終止符を打たない」という意味から句読点「、」「。」を省略し、字間を空けるか改行して書きます。同じ理由から段落を変える際には文頭を空けないようにします。

招待状に使いたいフレーズ

感謝の気持ちを込めて　ささやかな小宴を催したく存じます
私たちの門出を皆様に見守っていただきたく　ささやかながら宴の席を催します
心ばかりの披露宴で　楽しい時間をお過ごしください

謹啓　ますますご清祥のこととお慶び申し上げます
このたび　わたしたちは結婚式を挙げることになりました
これまでのご厚情をあらためて感謝申し上げますとともに
私たちの新しい門出を皆様に見守っていただきたく
ささやかな小宴を催します
誠に恐縮ではありますが　ぜひご出席くださいますよう
ご案内申し上げます　　　謹白

ウエディングレターセット

招待状、席次表、席札、メニュー表、サンキューカードなど、ウエディングで用意すべきレターアイテムはたくさんあります。思い切って手作りするもよし、スタイリッシュなオーダーメイドで奮発するもよし。季節や挙式・披露宴のスタイルに合わせてトータルにコーディネートできたら素敵ですね。

モチーフをそろえたり、ふたりのイニシャルをさりげなく散りばめるなど、こだわりのポイントはたくさん

column

上手に書くためのひとくふう

なんとなく読んでいて好感が持てるレターにはある共通点があります。それがレイアウトのうまさ。切手の貼り方や宛名の書き方など、封を切って中の便箋をパッと開いたときの第一印象がよいレターは読後の印象もさわやかです。
次のポイントを心がけてみて。

おさえておきたいポイント

●余白をたっぷりとる
レターセットの絵柄を活かし、あえて空白をたっぷり残しましょう。

●文字の書き出し位置をそろえない
意外だと感じるかもしれませんが、文字の書き出し位置をそろえずに書くと、こなれた印象を与えます。

●漢字をひらがなに
「私」を「わたし」、「〜して下さい」を「〜してください」など、ひらがなのほうがやわらかく、女性的な印象を与えます。

●ひらがなは小さく、漢字は大きく
画数の多い複雑な漢字は大きく、ひらがなは小さく書きましょう。メリハリが生まれ、読みやすく感じられます。

余白をたっぷりとる

書き出し位置をそろえない

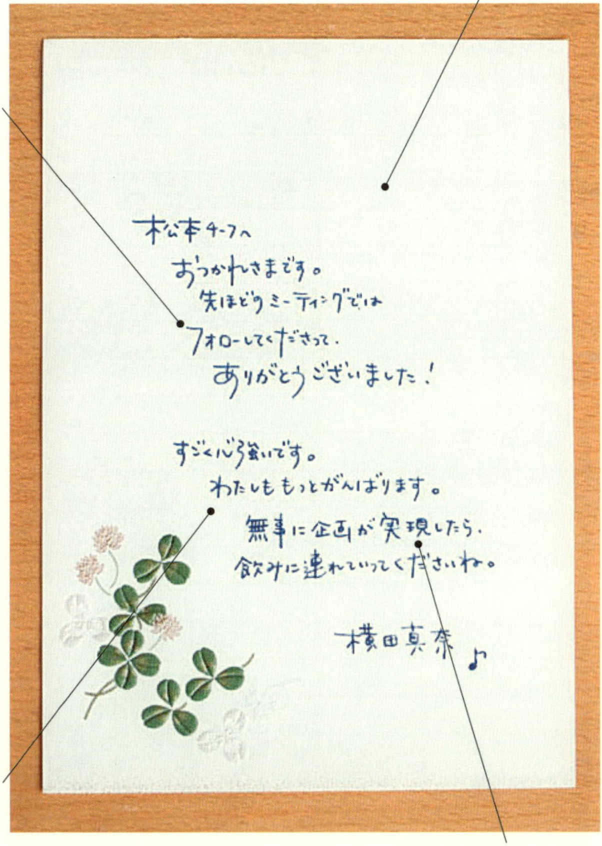
松本チーフへ
おつかれさまです。
先ほどのミーティングでは
フォローしてくださって、
ありがとうございました！
すごく心強いです。
わたしももっとがんばります。
無事に企画が実現したら、
飲みに連れていってくださいね。
横田真奈 ♪

漢字をひらがなに

ひらがなは小さく、漢字は大きく

文字のお話

ペンを変える

筆記具というとまず思い浮かぶのはボールペンですが、ボールペンはもともとメモをとるための道具。ラブレターは気持ちを伝えるものですから、インクの文字のほうが似合うのではないでしょうか。インクのにじみが文字のクセを味わいに変えてくれます。

自分の書く文字に自信がない人は、太字のペンで大きく書くことを心がけて。大きく元気よくつづられた文字は、見ていて気持ちがいいですよ。

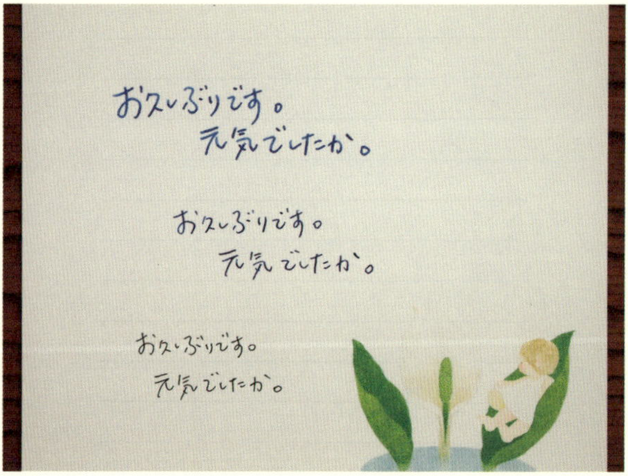

上から順に太字の万年筆、細字の万年筆、ボールペン。同じ強さ・リズムで書いてもペンによって印象が異なります

インクを変える

ペン先の太さによって文字の雰囲気が変わるのと同じように、インクの色によっても印象は大きく変わります。定番の黒やブルーのほかに、そのときの気分で使うペンの色を変えると、気持ちのありようも変わります。キラキラ輝くデコペンも楽しいですね！

万年筆のボトルはメーカーによってデザインが異なります。さながらワインボトルのよう。眺めているだけで気持ちが上がりますよ

色を変える

明るくあざやかな色なら元気がよく若々しい印象を、濃く落ち着いた色ならエレガントで大人っぽい印象を与えます。
紙の色によっても発色は変わります。真っ白な紙は清潔感、生成りの紙はやさしい雰囲気が特徴です。

July

7月／文月《ふみづき》

短冊に歌や字を書いて書道の上達を祈った七夕の行事にちなみ、「文披月（ふみひらきづき）」が文月に転じた

七夕／7日

1年に1度だけ、天の川を挟んで逢うことを許されたとされる織姫と彦星。ロマンチックな七夕伝説にあやかって、笹飾りに短冊をつけてお星様にお願いごとをしましょう。

海の日／第3月曜日

海の恩恵に感謝する日。各地の海水浴場では海開きのイベントが行われることも。夏の思い出づくりに最高の舞台がそろいます。

flower of July

●ひまわり／あこがれ　●バラ（ピンク）／美少女
●なでしこ／純粋な愛

夏を迎えるレター

7月に入って梅雨明け間近ともなれば着るものは軽くなり、太陽の陽射しもまぶしい明るく開放的な季節の到来です。
これからはじまる夏休みに向けてドキドキわくわく。星空の下でのビアガーデン、海開きやプール開き、七夕祭りに花火大会など、夏ならではの催しものが目白押しです。
浴衣を着てお出かけしたり、縁日の夜店をひやかしたり、夏は旅の季節でもありますから、家族や友だち、恋人と一緒に旅行に出かけたり。忘れられない思い出をたくさんつくりたいですね。

使いたいフレーズ

・ようやく梅雨明け、夏本番だね
・太陽の陽射しがまぶしくなりました
・ひまわりの花が元気に咲いています
・どこからともなく花火の音が聞こえてきます
・浴衣を買いました。お祭りが楽しみ！
・夏は夜風が気持ちいいね
・熱帯夜がつづくけれど、ぐっすり眠れているかな
・猛暑到来。紫外線対策しなくちゃね
・もうすぐ夏休み、今年はどこに出かけようか
・夏バテしないように、体に気をつけて

好きな人を旅行に誘う

海やビーチの近くにある宿、高原にあるかわいいペンション、プールで遊べるリゾートホテル、ゆっくりくつろぐ温泉旅館、思い切って海外旅行など、夏の旅行は楽しい選択肢がいっぱい！
早めに計画を立てて旅行気分を盛り上げたいですね。この夏が終わる頃、ふたりの関係がさらに深まっていますように。

トオルくんへ

元気ですか。

太陽がまぶしくなりました。あっという間に夏本番だね。

あのね、来月、一緒に旅行に行かない？

軽井沢とか行きたいなぁ。

ゆっくり温泉につかって、ビール飲んで、花火して……。

一緒に夏の思い出をつくりたいな！

パンフレットを同封するね。

お仕事、毎日遅くまでおつかれさま。

大変だと思うけれど、

体に気をつけて、がんばってね！

千穂

夏は夜風が心地いい時期。7月には七夕の行事もあります。
星を見にプラネタリウムに誘ってみてはいかが？

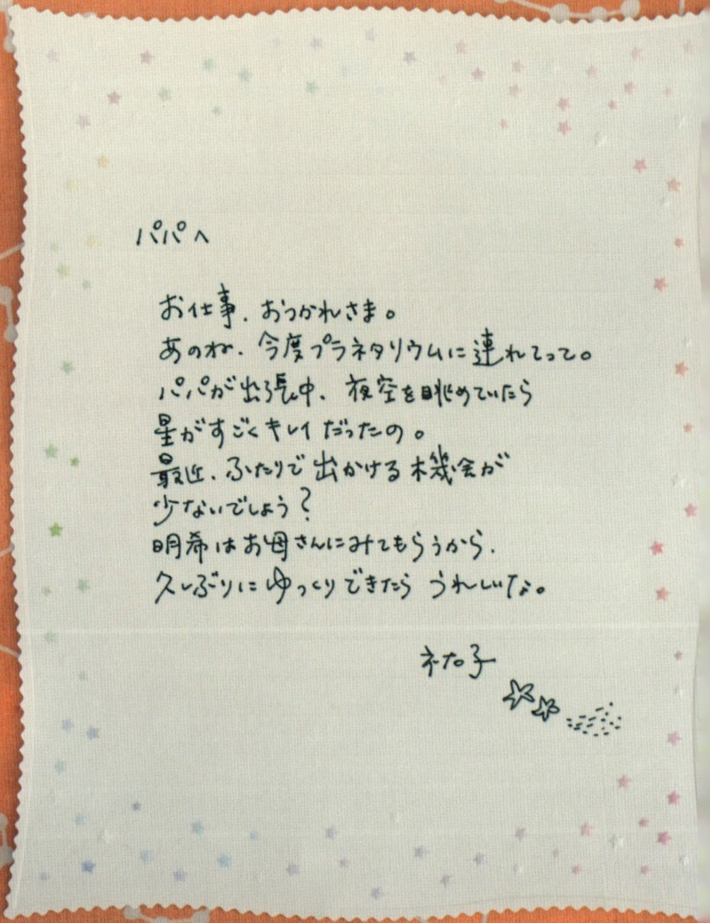
パパへ

お仕事、おつかれさま。
あのね、今度プラネタリウムに連れてって。
パパが出張中、夜空を眺めていたら
星がすごくキレイだったの。
最近、ふたりで出かける機会が
少ないでしょう？
明希はお母さんにみてもらうから、
久しぶりにゆっくりできたら うれしいな。

祐子

夏にぴったりのアイテム

灼熱の太陽が照りつける夏。じっとしていても汗が出てくるほど暑いときには、自然と涼を誘うレターセットを選びたくなります。

淡いブルーの涼しげなもの、夏ならではの風物詩や食べ物が描かれたものを切手やシールと共にコーディネートしてみましょう。昔なつかしい和テイストのもの、ポップでカラフルなものなど、そのときの気分に合わせてお気に入りを選んで。

スイカ、カキ氷、朝顔、金魚、蚊取り線香、花火、海……。夏気分が盛り上がりそう

切手の貼り方

切手は本来、左上にまっすぐ貼るものですが、ほんの少し貼り方を工夫するだけで、見た感じのインパクトが変わります。ほんのちょっとしたことですが、こんな遊び心に相手の心もグラッと傾くかも?!

ななめに

大胆で存在感のあるデザインの記念切手はななめに傾けて貼るとさらにインパクト大。

組み合わせて

50円と30円の組み合わせ。30円切手は蝶々柄。花に蝶々が舞っているように見えます。

耳を残して

余白(耳)に文字や絵柄のあるものも。捨ててしまうのはもったいないのでぜひ活用してみて。

August

8月／葉月《はづき》

木の葉が紅葉して落ちる月「葉落ち月」
が語源とされている

お盆／15日

各地で帰省ラッシュ、夏休みのピークを迎えます。地元に戻って幼馴染と親交を深めるのも◎。なつかしい友だちに宛てて、手紙を書いてみませんか。

花火大会＆夏祭り

浴衣でおめかし。大好きなあの人を誘って、さぁ花火大会＆夏祭りに出かけましょう！

flower of August

- のうぜんかずら／光栄
- アンスリウム／熱情
- むらさきつゆ草／尊敬

暑中お見舞い

暑中お見舞い状とは、文字通り「夏の暑さが厳しい折ですが、お変わりありませんか」と相手の健康を気づかったり、自分の近況を知らせたりするレターのことをいいます。梅雨明けから立秋(8月7日ごろ)までに、それ以降は残暑見舞いとして送ります。
夏バテ・夏風邪など体調を崩しやすい時期ですから、相手をいたわるひと言を。また、夏の贈り物をいただいたときにはお礼状を兼ねてごあいさつのレターを送りましょう。

毎日暑い日がつづきます
スイカにカキ氷、冷奴、そうめん、冷やし中華……
今ならではのものを味わって、猛暑を乗り切りたいですね！

暑中(残暑)お見舞い申し上げます
先日は美味しい水菓子をありがとうございます
見た目にも涼しく甘みもさわやかで、絶品でした
疲れがたまりやすい時期ですから、どうかご自愛ください

いよいよ今週末は夏祭り
練習の成果を発揮できるように、みんなでがんばろう！
打ち上げのビールが楽しみだぁー!!

直哉さんへ

毎日、暑い日がつづきます。

お元気ですか。

こないだ食欲がないと言っていましたが、大丈夫ですか。

ここまで暑いと体も重くなりますね。

まして、直哉さんは一人暮らしで外食つづきでしょうから、

無理もないことだと思います。

近くにいたら、毎日ごはんをつくってあげられるのにと思うと、

ちょっとはがゆく感じます。

次に会うとき、何か食べたいものはありますか。

以前、カレーが好きだと聞きましたから、

野菜カレーにしましょうか。

リクエストがあれば、なんでも言ってくださいね。

力になりたいです。

路子

旅先からあの人へ

旅に出ると、だれかに宛ててレターを書きたくなります。
日本であれ外国であれ、普段とは異なる街並みでいつもと違う朝を迎えるからこそ、心のどこかで気になっているあの人のことが思い出されたりするのでしょう。
旅先からのレターはサプライズ効果もバツグン。さぁ、今年はだれに宛てて書きますか。

旅ならではのアイテム

旅に出たら、ぜひその土地の郵便局に足を運んでみて。思いがけない掘り出し物が見つかるかもしれません。

風景印

通常の消印に比べて形が大きく色も茶色。その土地の名所旧跡などにちなんだ図柄です。すべての郵便局にあるわけではないため、ウェブサイトなどで確認の上、窓口で聞いてみて。

ポスト型はがき、フォルムカード

各都道府県の名産品が描かれたフォルムカードや季節のポスト型はがきなど、郵便局には楽しい商品がいっぱい！　その土地でしか購入できないものもあるため、お土産としても◎

外国の絵葉書、切手

外国のはがきや切手にはその国ならではの情緒やロマンが漂います。1枚1枚がまるで映画のワンシーンのよう。外国の切手は封かんシール代わりにどうぞ。小さくても目立ちますよ。

旅先でつづる言葉

旅先でペンをとると、日常から離れたところにいる開放感からか、つい「今ここにいる」「何をした」「何を食べた」などと自分のことばかりツラツラと書き連ねてしまうことも。
すでに信頼関係のある相手であればいいのですが、まだお互いのことがよくわかっていないうちは相手を気づかう言葉もプラスして。
帰ったらすぐに会いたいという気持ちを添えると、旅先で書かれたひと言だけに、なおロマンチックに聞こえそうです。

使いたいフレーズ

・カナダからこんにちは！　元気ですか
・こちらの天気は快晴です。東京はどう？
・こちらに来てから〇日、あっという間の時間です
・久しぶりの旅行で、だいぶリフレッシュできました
・〇〇を観ていたら、ふと〇〇くんのことを思い出しました
・お土産、楽しみにしていてね
・次は〇〇くんと一緒に来たいな
・今度は一緒に旅行に行こうね
・帰ったら、会いたいです

中村くんへ

こんにちは、元気にしているかな。

こないだは手紙をありがとう！

字が下手だとか短くてゴメンとか書いてあったけど、

ぜんぜんそんなこと気にならないから。

わざわざ書いてくれただけで、ほんとに、とってもうれしいよ。

ちょっと落ち込むことがあったんだけれど、

一気に吹き飛んじゃったくらい。

こっちに来てからもう３週間が経つけれど、

なんだかあっという間の毎日です。

こないだの週末はクラスのみんなと一緒に国立公園に遊びに行ったよ。

ホストファミリーはみんないい人たちだから、

勉強を教えてもらったり、わたしも料理を手伝ったり……。

中村くんがおいしいって言ってくれたギョウザ、

こっちでも好評だったみたい。

中村くんはどんな毎日かなぁ。

仕事はどう？　土日はちゃんと休めてる？

忙しくても、わたしのこと忘れちゃダメだからね！

帰国まであと１か月、また手紙を書くね。

体に気をつけて。中村くんからの手紙も、待っています。

由美

一成くんへ
京都に着きました。
すごお〜〜く暑いけれど、
京都はやっぱり風情があっていいね。
次は一緒に来られるように、
雰囲気のいいお店を
見つけておくね。
あゆみ

「次は一緒に」のひと言で、離れていてもお互いの存在を確認できます。旅先からのレターは記念切手も当地のものを貼ると◎

September

9月／長月《ながつき》

夜がだんだんと長くなる夜長月(よながつき)

お月見／中旬

すすきやお月見団子を飾って、まん丸に輝くお月様を眺めましょう。ふたりで心地よい夜風にあたれば、ロマンチックなムードがさらに高まるかも。

秋分の日／23日頃

うだるような暑さもそろそろおしまい。少しずつ冷気を感じる日が増える頃、お彼岸にはお墓参りを。秋の七草が咲き揃う頃でもあります。

敬老の日／第3月曜日

大切なおじいちゃん、おばあちゃんにあらためて感謝の気持ちを伝える日。気持ちが若々しくなるお花を贈りましょう。

flower of September

●マーガレット／恋の占い　●クレマチス／愛のたくらみ
●ダリア／感謝

夏の終わりのけんか

楽しかった夏休みもおしまい。どんな夏を過ごしましたか。
秋風が吹く頃になるとなんとなくしんみりします。ひと夏の思い出を振り返ってみたり、これからはじまる恋に向けて自分磨きに励んでみたり、気持ちが新たになることも多いでしょう。
夏にしてしまったけんかは夏のうちに清算を。面と向かって謝るのが苦痛でも、手書き文字にしてみると意外と素直に言葉が出てくるかもしれません。
「ごめんね」の気持ちを伝えるときには「あっさりと」を心がけて。ダラダラと書き連ねると、そのつもりはなくても言い訳がましく感じられてしまうことがあるからです。

使いたいフレーズ

・こないだはごめんなさい
・あのときはちょっと言い過ぎちゃった
・わたしが悪かったよね
・わたしもいけなかったよね
・よく考えてみたら、○○くんの言うとおりだった
・ちょっと感情的になり過ぎちゃったみたい
・なんだかすごく申し訳なかったと思って……
・反省しています
・また会いたいな

すぐに謝るほうがいい場合もあれば少し時間をおいてからのほうがかえっていい場合も。短くシンプルにまとめるほうが効果的

旬くんへ
元気かな…?
こないだはごめんなさい。
ついカッとなって、
言いすぎてしまったよね…
まだ怒っているかな。
また会いたいです。
優香

思い出の写真と一緒に

思い出の写真を添えて、手紙を送るのもいいものです。ふたりで撮った旅先の写真を同封したり、レターセットの余白に写真シールを貼ったりすれば、その日のこと、そのとき交わした会話や相手の笑顔までもが手に取るように思い出されるのでは？
恋するふたりだけでなく、家族の写真を添えるのもいいですね。敬老の日には愛する子どもの写真をおじいちゃん・おばあちゃんに贈って、家族の大切な時間をみんなで共有しましょう。

オリジナルフォトカードをつくろう

フォトカードとは文字通り、撮影した写真をポストカードにしたもののこと。自前でつくるほかオンライン上で加工・印刷発注できるサービスもあります。

結婚や引っ越しのお知らせ、誕生日パーティや家族会などの招待状にもぴったり。写真がそのままギフトにもなります

オリジナル切手をつくろう

郵便局にオリジナルの切手をつくるサービスがあるのをご存じでしょうか。ふたりの思い出の写真、旅行で撮った写真やペットの写真、結婚や出産の記念写真など、お気に入りの写真を世界にひとつの切手に加工してもらえます。
50円・80円ともに10枚からインターネットでも申し込みできます。これは記念になること間違いなし！　内緒でつくってプレゼントしても喜ばれそう。

書籍の表紙画像で切手を作りました。どんな場面でこの切手を使おうか、考えるだけでわくわくします！

column

歴史に残るラブレター

ベートーヴェン

ベートーヴェンが遺したラブレター「不滅の恋人」には壮大な愛の思いが刻まれています。

Be calm my life, my all.

Only by calm consideration of our existence

can we achieve our purpose to live together.

Oh, continue to love me.

Never misjudge the most faithful heart of your beloved.

Ever thine. Ever mine. Ever ours.

燃える心を静めてふたりの行方を考えよう。

私たちの目的、そう一緒に暮らしていくために。

どうか僕を愛しつづけておくれ。

君への忠実な愛をこれっぽっちも疑う必要はない。

君は永遠。僕も永遠。いつまでもふたりで。

このラブレターはベートーヴェンの死後、戸棚に仕掛けられた秘密箱から発見されました。つまり、事情があって投函されなかったラブレターです。稀代の大作曲家からこれほど情熱的に愛された人はどういう女性だったのでしょう？

参考／『新編　ベートーヴェンの手紙（上）』小松雄一郎編訳（岩波文庫刊）

石原裕次郎

石原裕次郎さんから奥様のまき子さんへのラブレター。スター同士の恋、秘めごともたくさんあったのでしょう。なかでもけんかの後、その心情をつづった言葉が印象的です。

部屋に帰ってマコの本ずっとずっと見てました。無性に淋しくなって、ビール一本のみました。そして、マコと僕の唄誰もいなかったので大声で何曲も……何回も唄いました。

でもマコは来なかった。マコがおひる泣いた様に僕も少し泣きました。唄って唄って唄いながら泣きました。

何んでこんなにならなければならないの？

皆々僕が悪いのですね？　僕は大バカ者!!

マコの気持わかりすぎる程わかってるの……

だから我儘ばかり言うんだ!!

逢いたくて逢いたくてとせうがない。

しめ殺す程抱きしめたいけど僕の足がマコの部屋に向かないの……。

けんかして自己嫌悪になって淋しくて泣いて。それでも素直に「ごめんなさい」とは謝れない不器用な純真さ、「しめ殺す程抱きしめたい」という苦しいほどの情熱。この１通に、戦後の日本映画界を代表する石原裕次郎という人の魅力がこれでもかというほど詰まっていると思いませんか。

参考／『裕さん、抱きしめたい』石原まき子著（主婦と生活社刊）

マリリン・モンロー

亡くなる直前、マリリンは当時のアメリカ大統領ジョン・F・ケネディにのめりこんでいました。あの有名な「Happy Birthday, Mr. President」を歌ったケネディ大統領の誕生日、マリリンは大統領にロレックスをプレゼントしています。その箱の中に添えられていたラブレターがこちら。

Let lovers breathe their sighs

And roses bloom and music sound

Let passion burn on lips and eyes

And pleasures merry world go round

Let golden sunshine flood the sky

And let me love or let me die!

恋人たちにため息を。バラは咲き乱れ、音楽は流れる。

唇と瞳に情熱を。喜びに世界は踊りまわる。

まぶしい太陽が空にさんさんと降り注ぎますように。

あなたを愛させて、さもなければ死を。

すごく情熱的でエロティックで、必死に何かにしがみつこうとしているかのような危うさを感じさせるラブレターです。
この2か月後、マリリンは本当に死んでしまいます。

やしの実のラブレター

こちらはまるでうそのようなほんとの話。奇跡のラブレターともいわれています。

太平洋戦争中、死を覚悟した一人の日本人男性が戦地フィリピンから、やしの実にナイフで文字を切り刻み、故郷・島根で待つ家族と友人に宛てて、海にやしの実を流しました。
男性はフィリピンで戦死しましたが、やしの実はなんと31年もの年月をかけて海を漂流。その後、およそ3000キロも離れた故郷・出雲の浜に奇跡的に流れつき、家族のもとへと届けられました。

現在、そのやしの実は靖国神社に奉納され、観る人の感動を誘っています。

October

10月／神無月《かんなづき》

神嘗月（かんなめづき）の準備をする月＝「神の月」。全国の神様が集まって1年のことを話し合う出雲では神在月という

紅葉狩り／中旬ごろ～

秋物のコートを羽織る頃になると、少しずつ野山が赤黄オレンジ色に染まりはじめます。露天風呂でゆっくりくつろぎながら紅葉を眺める、たまにはそんな贅沢もいいですね。

ハロウィン／31日

オレンジ色の大きなカボチャ、魔女やお化けに仮装した子どもたち、それからたくさんのお菓子。イベントが存分に盛り上がるよう下準備も入念に。パーティへのお誘いレターを書いてみましょうか。

flower of October

●はしばみ／仲直り　●スイートバジル／みんなに愛される
●きんもくせい／気高さ

秋こそ、ラブレター！

きびしかった残暑がやわらぎ涼風が吹くようになると、急に人恋しさを覚えたり、どこかセンチメンタルな気分になったりするものです。そんな秋こそラブレターを書くチャンス。特別な関係になるためという以前に、ラブレターを書く行為そのものを楽しんだり、ドキドキする関係をただよってみたり。一途なだけではない、小粋でおしゃれな遊び＝ラブレターを恋の道具に取り入れてみませんか。

ラブな気分が高まるプチテクニック

幸せ言葉「うれしい」「楽しい」「ありがとう」

「うれしい」「楽しい」「ありがとう」「会いたい」「しあわせ」「お願い」「教えて」「あのね」「おやすみ」……。男心をふんわりと包み込む、やわらかい言葉を添えて。

おまじないの言葉を添える

文末に「また会えますように」「楽しい週末になりますように」などとおまじないの言葉を添えると、まるで魔法がかかるかのようにそれが現実のものになりますよ。

ハートマークをひとつ

シンプルにちょこんと添えると「ドキッと感」が高まります。たくさん取り入れすぎないように。

「好き」とつづるだけがラブレターではありません。今のあなたの心にいちばん素直な言葉を選んで、彼のハートをキャッチして

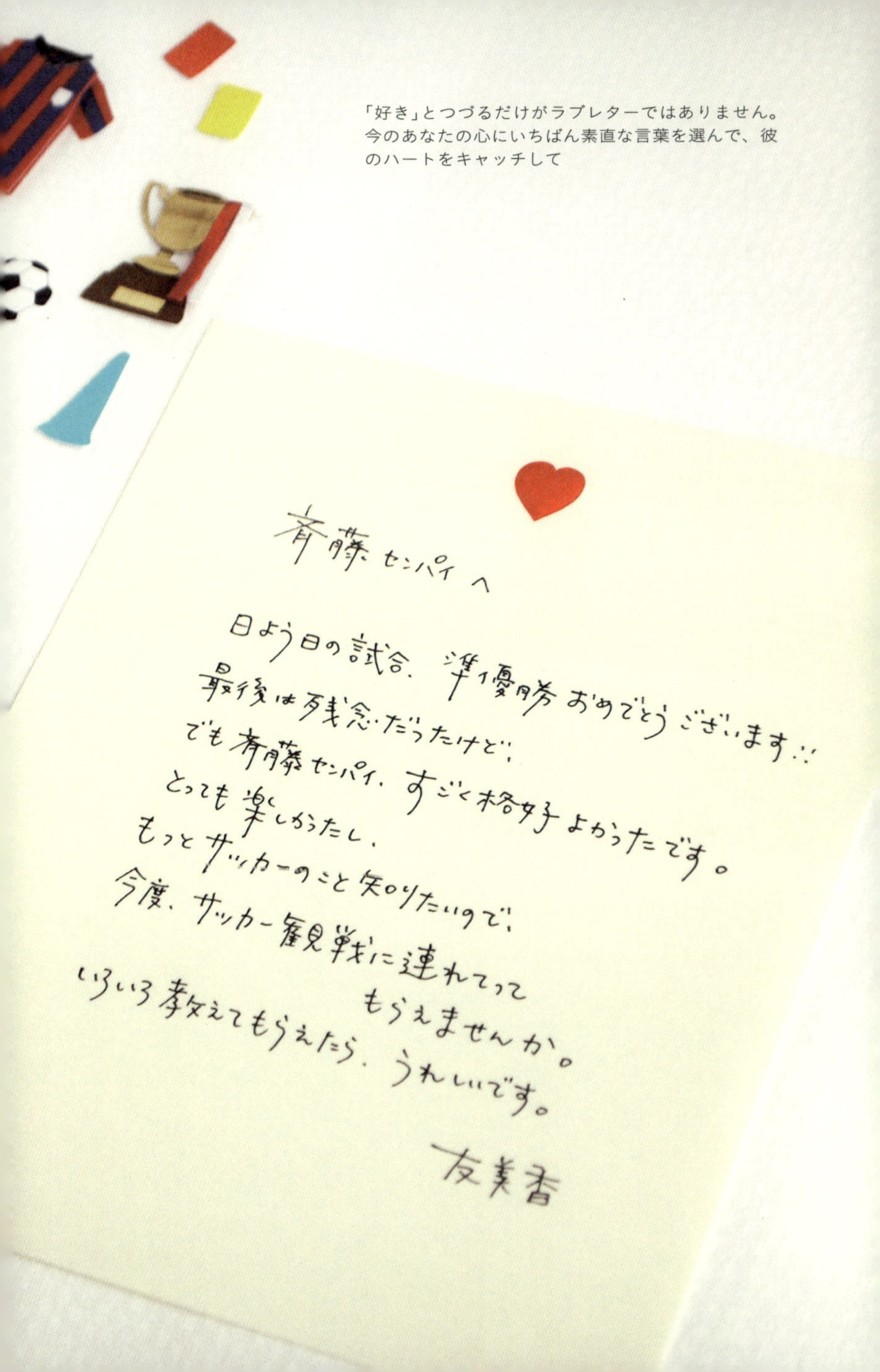
斉藤センパイへ
日よう日の試合、準優勝おめでとうございます!!
最後は残念だったけど、
でも斉藤センパイ、すごく格好よかったです。
とっても楽しかったし、
もっとサッカーのこと知りたいので、
今度、サッカー観戦に連れてって
もらえませんか。
いろいろ教えてもらえたら、うれしいです。
友美香

克也さんへ

元気かな。今日はどんな１日だった？

いつもはメールやフェイスブックだけど、

たまには思い切って手紙を書いてみようと思いました。

ちょっとびっくりした？

大丈夫だよ、返事はなくてかまわないから(笑)

何より、あらためて、退院おめでとう。

病室にたくさんお花が飾られていたり、

次々メールや電話があるのを目にして、

克也さんは友だちが多いなぁ、って思いました。

いまはまだ複雑かもしれないけれど、

克也さんならきっと乗り越えていけると信じています。

安心してね。わたしもついているから。

……な〜んて、あ、ひょっとして、それがいちばん不安？(笑)

でも、ちょっと強引な言い方かもしれないけれど、

今回の事故は、わたしたちの絆を強くする、

すごくいいきっかけになると思っています。

長い人生だからいろんなときがあるよね。

わたしもがんばる。ふたりで力を合わせて、

一歩ずつ前にすすんでいきたいね。

だんだん涼しくなるから、風邪に気をつけて。

充実した毎日を過ごせますように。

美和子

ラブレターを書くときの極意５か条

堅苦しく考えない

手書きのレターはそれだけでうれしいもの。気負わず、いつもの話し言葉で書くのがポイントです。

一方的にならない

自分のことばかり書き連ねていては読むほうが疲れてしまいます。「最近どう？」などと相手を思いやりましょう。

長文を書かない

付き合う前のふたりであれば、シンプルにまとめるのが鉄則。明るく元気よくさわやかに。ラブレターは相手を「落とす」ためでなく、信頼関係を築くためのものです。

返事を期待しない

ラブレターはある意味、自己満足的なもの。自分が書きたいから送るのですから、「なぜ返事をくれないの？」と腹を立てては逆効果です。

別れ話はしない

手書きのラブレターはメールよりも気持ちが入りやすくなります。別れ話のような深刻な話は避けましょう。傷口が広がらないように注意するのが、礼儀ですね。

ラブレターに使いたいインク

ラブレターインクというものをご存じでしょうか。甘いバラの香りのする、なんともロマンチックなローズレッド色のインクです。
モンブランというドイツの有名メーカーが過去にクリスマスの時期に限定発売したもので、オークションでは高値で取引されることもあるようです。化粧品のようにおしゃれなインク瓶。
赤いインクがふたりのハートに火をつけるかも？

香りにのせて想いを届けて。相手は封を切った瞬間、ふんわりと甘い香りに包まれます

ちょっとしたメモだってラブレター

特別なレターセットでなくても、いつもの付箋をカラフルにアレンジしてみたり、ハートを描いてみたりするだけで、かわいらしいものです。下のようにハート型に折る方法もありますよ。簡単にできるので、チャレンジしてみて。

① 紙を横向きに置き、下から上へ半分に折り上げます

② 横半分に折り目をつけてから元に戻し、中心の折り目に合わせるように下から折り上げます

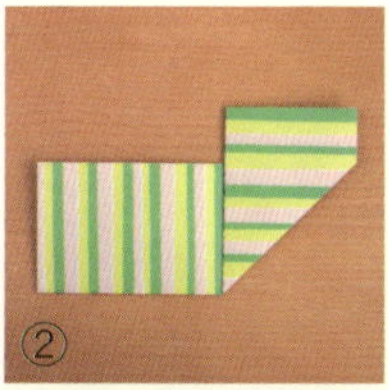

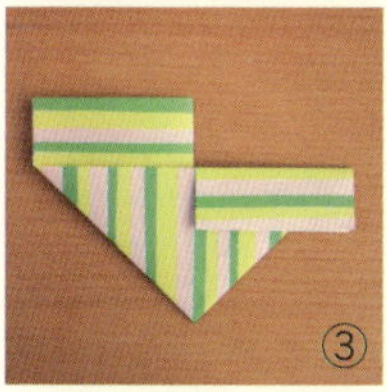

③ 反対側も同様に折ったら裏返し、上にはみ出している所を折り目から下に折ります

④ 折った部分の中心から開きます

⑤ 開いた上の線を中心の線に合わせるように折ります

⑥ ⑤でできた、中心を向いた△の底辺に合わせて内側に谷折りで折ります

⑦ 上下の角をちょこっと折ります。③～⑦の手順を、反対側も同様にして裏返すと……

⑧ できあがり！

月の言葉

空気の澄んだ秋は月もきれいに見えます。味わい深い月の言葉で、ぐっとロマンチックに。

使ってみたい月の言葉

おぼろ月／夜空に薄い雲が出ており、その雲を透かして見る月のこと。ぼんやりとした淡い光の月
雨夜の月(あまよのつき)／雨雲に隠れた月のこと。想像するだけでは見えないもののたとえ
十五夜(じゅうごや)／旧暦8月15日の夜の月のこと
有明の月(ありあけのつき)／陰暦16日以降、夜が明けかけてもまだ残っている月のこと
十六夜月(いざよいつき)／満月の翌晩は月の出がやや遅くなるのを、月がためらっていると見立てたもの
月明かり／月の光。また月の光で明るいこと

智くんへ

今日は十五夜。お月見です。
お月さまを眺めていたら、手紙を書きたくなりました。
お月さまは地球上のどこからでも見えるんだものね。
離れていてもお互いを感じることができるなんて、
ちょっとロマンチック。
来週、楽しみにしているね！　風邪に気をつけて。

有紀

November

11月／霜月《しもつき》

霜の降る月

ボジョレー・ヌーボー解禁／第3木曜日

その年に収穫されたブドウを使って生産されるワイン、ボジョレー・ヌーボー。さぁ今年の出来はいかがでしょう？　食欲の秋、スポーツの秋、芸術の秋……。恋人たちにとっても素敵な秋になりますように。

いい夫婦の日／22日

新婚さんもベテランさんも。結婚生活はお互いの努力の上に成り立つもの。積み重ねた愛に感謝を込めて、心からのありがとうの気持ちを伝えてみましょう。

flower of November

- むらさきしきぶ／聡明
- やまゆり／無垢の美
- かすみ草／清らかな恋

いい夫婦の日

四六時中、顔をつきあわせる夫婦ともなると、時間の経過とともにお互いに対する思いやりや感謝の気持ちを伝える機会が減ってしまったりするものです。
11 月 22 日はその語呂合わせから「いい夫婦の日」とされています。この日を機会に恋人気分でデートしてみたり、パートナーへの感謝の気持ちを伝えてみてはいかがでしょうか？
プロポーズの言葉や子どもが生まれたときの感動を振り返ったり、結婚式の写真やビデオを見直したりするのも素敵です。ふたりで積み重ねてきた時間をあらためてじっくり味わうことで、ふたりの情愛はさらに育まれていくでしょう。

使いたいフレーズ

・〇〇くんと夫婦になれて、本当によかった
・プロポーズの言葉、うれしかったなぁ
・あのときの気持ち、まだ変わっていない？
・赤ちゃんができたってわかったとき、すごく感動したね
・いつも仕事をがんばってくれて、ありがとう
・家事を手伝ってくれて、ありがとう
・久しぶりにデートしたいな
・今度、旅行に行きたいね
・末永くよろしくお願いします

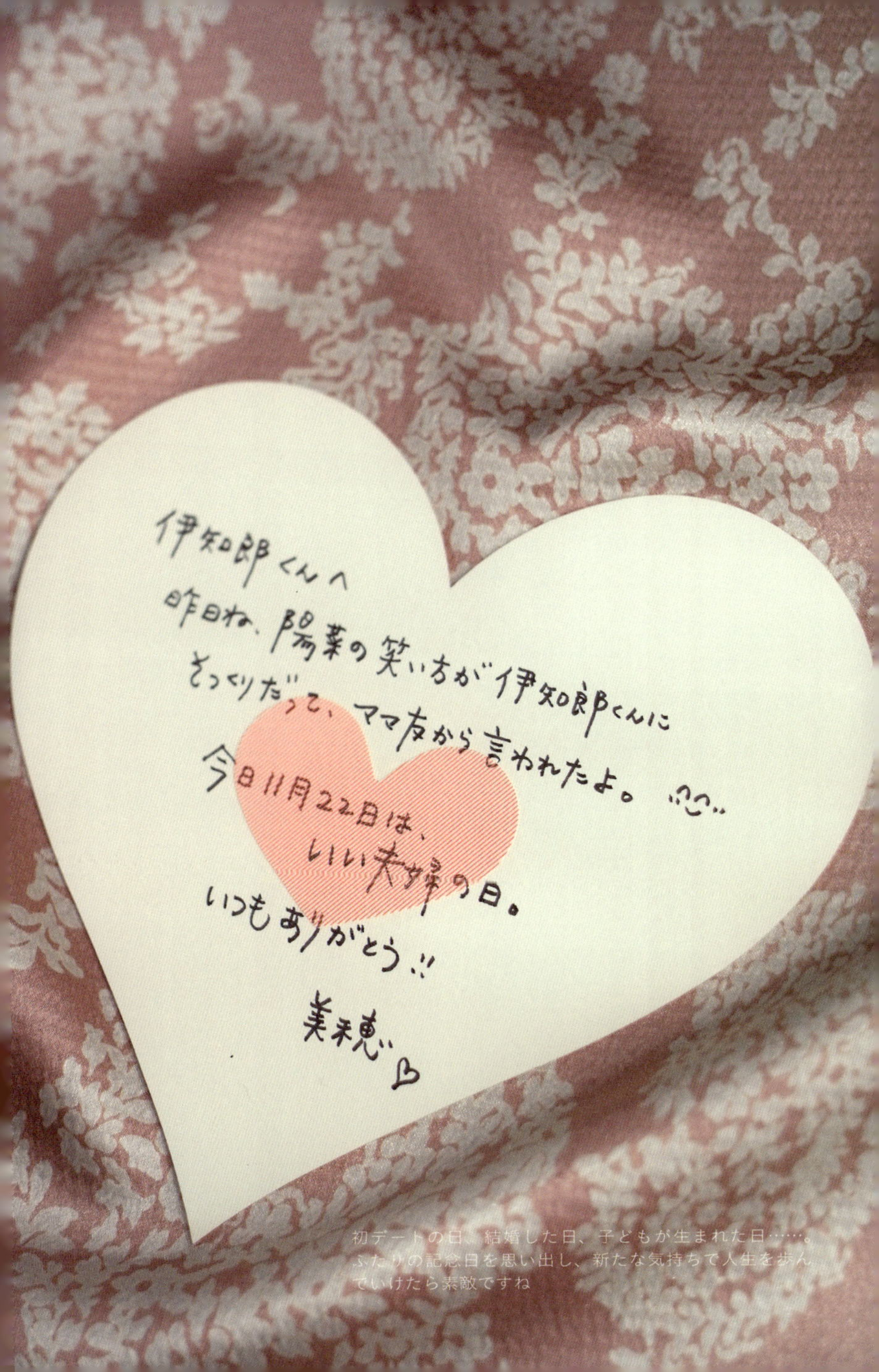
伊知郎くんへ
昨日ね、陽菜の笑い方が伊知郎くんに
そっくりだって、ママ友から言われたよ。
今日11月22日は、
いい夫婦の日。
いつもありがとう!!
美穂

初デートの日、結婚した日、子どもが生まれた日……。
ふたりの記念日を思い出し、新たな気持ちで人生を歩んでいけたら素敵ですね

伸ちゃんへ

知ってる？　今日はいい夫婦の日なんだって。

本に書いてあったから、

わたしも伸ちゃんへ手紙を書いてみようと思いました。

いつもやさしくしてくれて、ありがとう！

仕事のことでいっぱいいっぱいで、

イライラしているときもあって、ごめんなさい。

やさしくていつも穏やかな伸ちゃんに

感謝の気持ちでいっぱいです。

携帯を失くしちゃったり、

お風呂で寝ちゃったり、電気をつけっぱなしにしたり、

おっちょこちょいなところもあるけど、

伸ちゃんと結婚できて、わたしは幸せ。

久しぶりにワインを買ってきたから、一緒に飲もうね。

これからも、末永く、よろしくお願いします。

桃子

秋にぴったりのアイテム

街路樹の落ち葉がひらひらと空に舞い、頬に感じる空気がキュッと冷たくなる頃、店頭にはしっとりとしたエレガントなレターセットが多く並びます。デザインだけでなく紙質にもこだわって、長く使えるものを選ぶのもいいですね。
お互いの趣味や関心のあること、旬の食べ物にちなんだアイテムを取り入れると、そこから話題も広がって、彼をデートに誘うきっかけもつくりやすくなるかもしれません。

色あざやかな紅葉、お月見、新米……。大人っぽさを出したいならしっとりとした風合いの和紙のレターセットを選んで

和紙のお話

和紙とは日本古来の伝統的な紙漉き(かみすき)の技法でつくられた紙のことをいいます。美濃和紙、越前和紙、伊予和紙、大洲和紙など耳にしたことのある人も多いでしょう。
和紙はざらっとした質感としっとりした風合いが特長で、洋紙と比較すると紙の質がやわらかく、インクがスッと紙ににじんでいきます。
上質の和紙は大人のラブレターに似合います。そこにしたためる言葉も自然としっとりしたエレガントなものになりそうです。

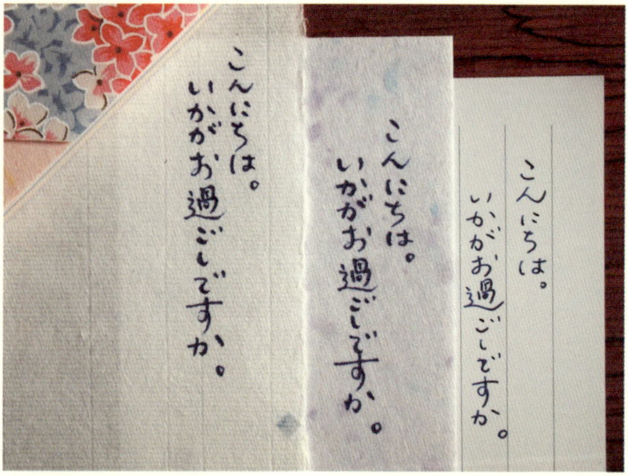

左から手すき和紙、市販の大洲和紙、洋紙。同じペンでも印象がだいぶ異なります

December

12月／師走《しわす》

師匠といえどもあわただしく走り回る月

クリスマス／25日

街がクリスマス色に染まりはじめる頃、恋人たちにとって胸が高まるシーズンの到来です。思い出に残るプレゼント交換には手書きのひと言を添えて。

大晦日／31日

今年はどんな1年だったでしょうか。何かとあわただしい年の瀬ですが、早めにお正月の準備を済ませて心穏やかに新年を迎えたいものですね。

flower of December

- ポインセチア／祝福　●椿／美徳
- クリスマスローズ／回復

冬を彩るレター

クリスマスのイルミネーションが道行く人を華やかに照らす頃、風が肌に冷たく感じられるこの季節だからこそ、身も心もだれかと一緒に温まりたくなります。
クリスマス、大晦日のカウントダウンパーティ、お正月の初詣など、大切な人と一緒に過ごす時間はすべて宝物！　それぞれの過ごし方で最高の時間を演出したいですね。
ホームパーティのおもてなしの道具に、冬ならではのレターアイテムを使う方法もあります。
仕事などの事情でなかなか会えないふたりはラブレターを書いて、お互いの気持ちを確認しあって。

使いたいフレーズ

・メリークリスマス！
・街がクリスマス色に染まりはじめました
・そろそろクリスマス。今年は何をして過ごそうか
・クリスマスのプレゼント、欲しいものはある？
・お月様もどこか寒そうに見えます
・なんとなく気忙しい毎日、年末モードに突入です
・今年も残りわずか。どんな１年だったかな
・１年が経つのはあっという間です
・年末年始の予定はどう？
・どんなお正月になりそうですか

年下の彼にはしゃいでみたり、年上の彼にすねて甘えてみたり。すべて恋する者の特権！

吾郎くんへ
Merry Christmas!!
吾郎くんと付き合ってから
初めてのクリスマスだね。
今日、会えないのはさみしいけれど、
プレゼント期待しているからね！
吾郎くんと出会えてよかったです。
来年も一緒だよ。
聖美

敬司さんへ

クリスマスも終わり、いよいよ年末までカウントダウン。
遅くまでお仕事おつかれさま。
今がいちばん忙しいときだよね。
ちゃんと電車のある時間に帰れているかな。
この1年、思いがけず敬司さんと出会えてから、
楽しいことがいっぱいありました。
はじめは共通の趣味があるわけじゃないし、
長続きするか心配だったけれど、
敬司さんって、ほんとに穏やか。
悲しいことがあって落ち込んでいたわたしに自信を与えてくれ、
笑顔と安らぎをいっぱいくれました。
本当に、ありがとう。
来年は今年よりもっといい1年にしたいね、一緒に。
不器用でわがままで、気が強いわたしだけど、
これからも、よろしくお願いします。
大晦日に会えるのを楽しみにしています。
風邪をひかないように、体を大事にしてね。

あや子

オリジナルレターセットをつくろう！

ウイングド・ウィール表参道

東京・表参道にあるウイングド・ウィールはその品揃えや品質とともにオリジナルのレターセットを作れる手紙用品専門店として知られています。クリスマスプレゼントとして、彼用にも自分用にも。

相談しながらオーダーできるので初めてでも安心。イニシャルや動物のモチーフを組み合わせることも。世界にひとつのレターセットの完成！

●ウイングド・ウィール表参道
〒150-0001　東京都渋谷区神宮前4-5-4

冬にぴったりのアイテム

街がクリスマスカラーに染まる頃、文具店では冬ならではのキラキラアイテムが並びます。
レターセットはお皿に敷いたりプチギフトを包んだり、ホームパーティでもさまざまにアレンジできます。ゲストを招く際にはネームカードを作ってメッセージを添えれば、最高のおもてなしになりますね。

クリスマスの絵柄が華やかで楽しい！　雪の結晶マークや椿の絵柄も今の季節ならでは

年末のギフトに添えるレター

クリスマスプレゼントのほか、ケーキにお歳暮、帰省用のお土産に子どもたちへのお年玉と、年末はあれやこれやと贈り物の機会が増えます。

その際にも手書きのメッセージを添えましょう。とりわけ、お年玉を渡すとき、ぽち袋の中にメッセージカードをしのばせるのがおすすめですよ。

さて、今年もそろそろおしまい。幸せな1年に感謝して、気持ちよく新しい年を迎えたいものですね。

吉永政道さま

寒さが厳しい頃になりました。

風邪が流行っているようですが、お変わりありませんか。

いつも気にかけてくださり、ありがとうございます。

美味しそうな干物の詰め合わせを見つけまして、

お父さまがお好きかなと思い、お送りしました。

玄界灘の霜降りアジだそうです。召し上がってください。

お正月に雅彦さんと浩太と一緒にごあいさつに参ります。

楽しみにしております。

吉永雅彦、聡子、浩太

column

未来のだれかにお手紙を

未来郵便というものをご存じですか。
子どもの頃にやったタイムカプセルを想像していただくと、わかりやすいでしょうか。未来のだれかや自分に宛ててレターを書いて預けておくと、指定の日にち・場所に郵送してもらえるサービスのことです。

たとえば誕生日に、結婚記念日に、子どもが20歳を迎える日に……。大切なあの人から数年前に書いたというレターが届いたら、どんな気持ちがするでしょう？　すごくびっくり、そして喜び感動して、一生の記念になるのではないでしょうか。

これは裏技的な使い方ですが、忘れてはいけない大切な人の誕生日に、前もって手紙を書いて預けておき、指定の日にちに届けてもらう方法もあります。

いくつかの会社や団体が同様のサービスを行っているようです。料金や預かり期間のことなど、気になる方はインターネットなどで探してみてください。

真っ赤なポストに恋をして

だれかに手紙を書いて送るとき、忘れてはならないのが郵便屋さんの存在です。
はがきであれば50円。封書であれば80円。思えばたったそれだけの料金で日本全国どこへでも届けてもらえるのですから、わたしたちはもっと郵便屋さんに感謝していいのだろうと思います。

しかも、首都圏であればものの5分も歩かないうちに、あの素朴でかわいらしい郵便ポストが目に入ります。
商店街の片隅にある筒型ポストはレトロでなつかしい表情を。駅前の箱型ポストは毎朝の通勤ラッシュ時にせわしなく歩くわたしたちを静かに見送り、住宅街の一角にちょこんとたたずむポストは子どもの頃、おばあちゃんと手をつないで手紙を投函した日のことを思い起こさせてくれます。

もしも郵便ポストに「気持ち」があるとするならば、わたしたちはポストがもっと真っ赤になるような、そんなかわいいラブレターを書きたいと思いませんか。

郵便の基礎知識

通常はがきとして送れるもの

長さ14～15.4cm×幅9～10.7cm、重さ2～6gの長方形の紙。50円で送ることができます。

（往復はがきはサイズ・料金など異なります）

定形郵便として送れるもの

長さ14～23.5cm×幅9～12cm、厚さ1cm以内、重さ50g以内のもの。

25g以内のものは80円、50g以内のものは90円で送ることができます。

定型外郵便として送れるもの

長辺（60cm以内）＋幅＋厚さ＝90cm以内のもの。料金は重さによって変わります。

便せんの正しい折りかた

洋封筒に入れる便せんは、二つ折りにする場合は上下を合わせて折ります。四つ折りにする場合は、縦に二つ、上下を合わせて横に二つに折ります。

いずれも折り目が封筒の開口部にこないようにするのが正しい折り方です。

special thanks

● MIDORI（株式会社デザインフィル　ミドリカンパニー）
〒150-0013　東京都渋谷区恵比寿1-19-19　恵比寿ビジネスタワー9F（東京本社）

● G.C.PRESS（G.C.PRESS株式会社）
〒104-0061　東京都中央区銀座6-5-16

●ウイングド・ウィール表参道
〒150-0001　東京都渋谷区神宮前4-5-4

● Pen Boutique 書斎館 Aoyama
〒107-0062　東京都港区南青山5-13-11 パンセビル1F

●「新編　ベートーヴェンの手紙（上）」
小松雄一郎編訳／岩波書店

●「裕さん、抱きしめたい」
石原まき子著／主婦と生活社

●「決定版365日の誕生花――花言葉と花占い」
主婦と生活社編／主婦と生活社

追伸　みなさまへ

はじめてのラブレター、覚えていますか？
わたしは小学校3年生の頃、同じクラスの男の子に宛てて書いたレターをポストに投函したことがあります。
直接、渡せばいいのにね。今思えば、好きな気持ちを伝えたいというより、ラブレターを書いて投函するというシーンへの憧れがそうさせたのでしょうか。「恋する乙女」を演じてみたかったのか、幼かったけれどもいい思い出です。

少し恋から遠ざかっている人も、今まさに恋の真っ只中という人も、恋よりすこし先の、より大きな思いを胸に抱いている人も。この本をお読みになり、大切な人のこと、かつて焦がれたあの人のことを思い出し、どこか温かい気持ちになっていただけたとしたら、そしてペンを手に取っていただけたとしたら、心からうれしく思います。

この本を手にしてくださったあなたの心に、たくさんの幸せが舞い込みますように。

感謝を込めて。

むらかみかずこ

むらかみ かずこ

(有)はなまる企画 代表。東京女子大学卒。子どもの頃からの大の手紙好き。遠距離恋愛中の交際相手と550通を超えるラブレター経験を経て、ライターとして独立。暦や花鳥風月をさりげなく取り入れた手紙術に定評があり、企業研修・セミナーも多数。著書に『できる大人の"一筆添える"技術』(ディスカヴァー・トゥエンティワン)など。

手紙時間ブログ　http://www.yourletter.jp/

大切《たいせつ》なあの人《ひと》へ　ラブレターを書《か》こう!
2012年7月23日　第1刷

著者	むらかみかずこ
発行者	成瀬雅人
発行所	株式会社原書房 〒160-0022 東京都新宿区新宿1 25-13 電話・代表03(3354)0685 http://www.harashobo.co.jp/ 振替・00150-6-151594
装幀・本文AD	生駒浩平(サイ株式会社)
印刷	シナノ印刷株式会社
製本	東京美術紙工協業組合

ISBN978-4-562-04851-9　Printed in Japan